しずく堂の
shizukudo

まいにち編み物こもの

帽子・ソックス・マフラー・ミトン・バッグ…
ときどきねこ

はじめに

この本のタイトルになっている「まいにち編み物こもの」には2つの意味があります。1つは毎日何かを編んでいること。もう1つは毎日編んだものを使っていること。編んで使って、編んで使って。そんな日々を皆さんにも過ごしていただければという願いを込めています。

私の毎日は富山で繰り広げられています。平野部に住んでいるので大都市とさほどかわらない便利な環境です。でも海も山も近い自然豊かな土地なので、四季の移りかわりをいつも感じています。また、暮らしのなかで当たり前のように目に入る立山連峰も、私の毎日に欠かせない要素です。天気がよくてきれいに見える日は家で過ごすのがもったいなくて、さらによく見える場所に出かけます。写真はその場所で撮影しました。

この本に掲載されている手編みこものは、そんな富山の地で毎日を過ごしながら生み出したしずく堂デザインです。今度は皆さんの住む場所で編んでいただいて、毎日愛用されるのを楽しみにしています。　　　　　　　　しずく堂

CONTENTS

01 立体モチーフ飾りのミトン

編み方 50 ページ

長編みと長編み表引き上げ編みで
ふっくらと編み上げたかぎ針編みのミトン。
甲側で揺れるねじりモチーフがポイントです。

02 立体モチーフ飾りの三角ショール

編み方 52 ページ

三角形の頂点から編み始め、
本体も立体モチーフも縁編みも一連の流れで
飽きずに編めるショール。
あとから仕上げ作業をしなくてすむのも
うれしいデザインです。

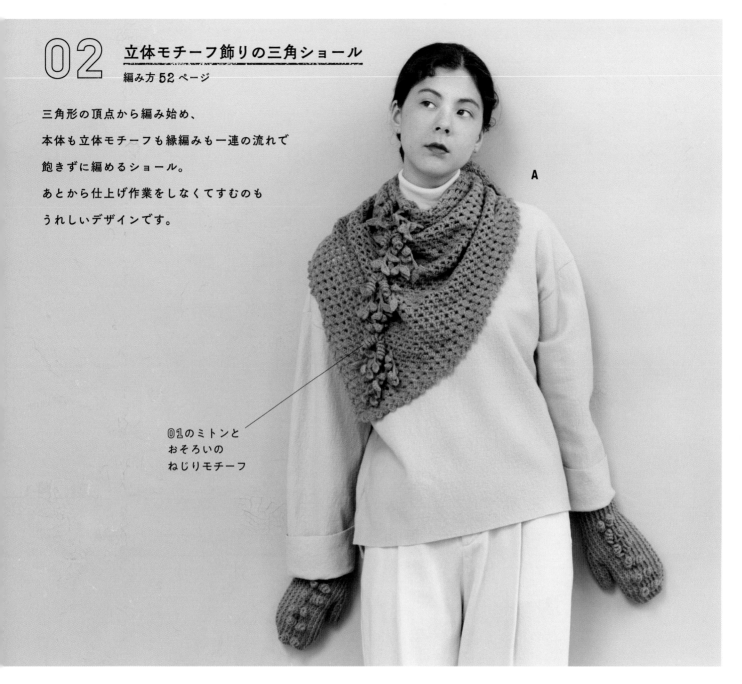

A

01のミトンと
おそろいの
ねじりモチーフ

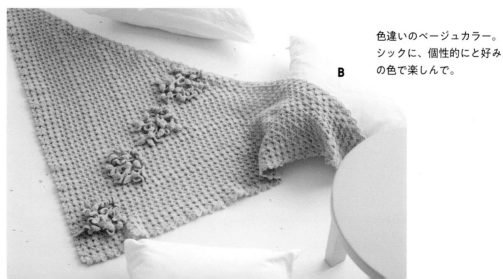

B

色違いのベージュカラー。
シックに、個性的にと好み
の色で楽しんで。

ケーブル模様のベレー帽

編み方 56 ページ

トップに向かってケーブル模様が
だんだん細くなるデザインのベレー帽。
交差の目数を減らしていくことで、
ボリュームが出すぎず
コンパクトなシルエットになります。

トップの飾りは本体から続けて
編み、ひと結びするだけ。

ゴム編み部分がおでこの上で
まっすぐになるようにかぶる
とおしゃれな印象に。

04 ソフトハニカム模様の帽子

編み方 58 ページ

交差編みを規則的に取り入れた、
ハニカム（蜂の巣）模様の帽子。
優しい印象になるよう、
凹凸具合は控えめに。
共糸のループや革のコードを
トップのアクセントにプラス。

A

B

05 つま先から編むソックス

編み方 36 ページ

表目と裏目だけで編むソックス。
甲側から足首回りに続く
繊細なダイヤ柄がポイントです。
丈は2種類。どちらもトルコ式の作り目で
つま先から編み始めます。

玉編みを4つ集合させ、花のように見立てた模様が
印象的なハンドウォーマー。AもBも模様編みは共通ですが
手首側と指先のデザインに変化をつけています。

A

B

親指部分は途中で増し目をしながら、本体に続けて編むデザイン。指先まで一気に編めるのがうれしい。

07 ヘリンボーン柄のストール

編み方 **54** ページ

縦にまっすぐにのびるヘリンボーン柄が、
クールで大人っぽいデザイン。
4段ごとの繰り返し模様で
端正な編み地が出来上がります。

スヌードで

08

モヘアのふわふわスヌード
編み方 64 ページ

大きな筒状にぐるぐる編むだけの
簡単スヌード。二重にゆったり巻ける
長さがありつつ、モヘア糸で軽やか。
ボタンを留めて腕を通せば、
マーガレットにも。

マーガレットとしても

⓪⑨ トレリス模様のレッグウォーマー

編み方 62 ページ

交差編みを繰り返して、
格子状の柵（トレリス）のような模様を
描いたレッグウォーマー。
厚みのある編み地で、
寒い冬の足元をしっかりと温めてくれます。

足首側にはスリットを入れて。足
首から甲にかけてもたつかずに着
用することができる。

手編みのソックスを履いて過ごすデンマークの知人ご夫婦

市場では手編みのソックスを販売するお店も

毛糸が山積みになっている手芸店

スウェーデンの手工芸品店で並んでいるミトン

COLUMN 1

北欧と編み物と

　スタイリッシュなインテリアや大胆でカラフルなテキスタイルが有名な北欧は、手編みの文化が根づいているので何度でも行きたくなるところです。北欧のお宅では日本と同じように靴を脱いで過ごす習慣があるのですが、スリッパのかわりに手編みのソックスを履く人も多いと聞きました。なので自宅にゲストを招いたときは手編みのソックスを渡したりするとか。そういったところも北欧にひかれる理由です。編み物が身近なのでスーパーやホームセンターでも毛糸が買えます。手芸店ではさらに色とりどりの毛糸や便利な編み物用具が置いてあり、作品見本をたくさん飾っているのでワクワクします。毛糸を手に取り、たくさんの色を見て、次に編みたいもののイメージをふくらませるのはリアルのお店に行ったときだけの至福の時間です。ただ、手芸関係の本は分厚く高価なので日本へ持ち帰る本を選ぶのに苦労します。写真がとてもすてきなので、全部持ち帰りたいのですけれどね。

すてきだったスウェーデンの料理家さんのお宅

10 サークル模様の
ネックウォーマー
編み方 **49** ページ

北欧のテキスタイルのような模様を
編み込みで描いたネックウォーマー。
2種類の丸い模様を交互に配置した
楽しいデザインです。

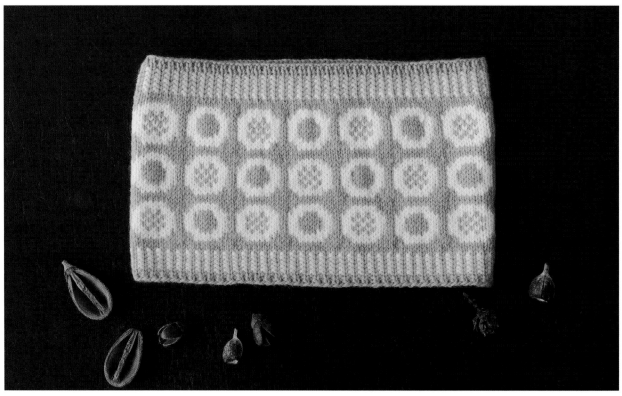

スリット状にあけた親指穴は目立たないので、
指を通さずに使っても OK。

ボーダーの 1 色にグラデーション糸を使うと、
微妙な色の変化が楽しめる。

11 アームカバー
編み方 66 ページ

2 目ゴム編みとメリヤス編みを規則的に繰り返し、
輪に編むアームカバー。
ひじまで伸ばしたり、くしゅくしゅっと手首付近に縮めたり。
途中に 2 目ゴム編みを配置しているので、
ゆったりしているのにずり落ちにくいデザイン。

カバーをめくれば、
ミトンを外さなくても
指先が出せる仕様に。

12 編み込み模様のカバーつきミトン
編み方 **40** ページ

三角の指先の形が特徴の北欧風ミトン。

帯状の編み込み模様を組み合わせた

にぎやかなデザインがポイントです。

手のひら側にはスリットを作り、カバーをプラス。

実用的な工夫もちりばめられています。

親指にもスリット穴をあけているので、
スマートフォンの操作にも便利。

13 ノルディック模様の靴下

編み方 **46** ページ

北欧の丸ヨークのセーターによく見られる
繰り返し模様を取り入れた、ノルディック模様の靴下。
履き口からつま先に向かって編むデザインで、
ところどころに使った赤い糸がアクセントになっています。

14 手織り柄風マフラー

編み方 68 ページ

セーターのそでのような形の、
筒状に編むマフラー。
北欧テキスタイルの手織り柄を
ヒントに考えた
幾何学模様の繰り返しがポイントです。

15 モザイク編みのネックウォーマー
編み方 **70** ページ

1段に1色の糸しか使っていないのに、
1目ずつ色をかえた編み込み模様のように見える
モザイク編み。
すべり目で目を引き上げることにより、
規則的なモザイク風の模様が出来上がります。

着脱しやすい、前あきのネックウォーマー。前立ての位置をサイドに、正面にと移動させることでも、雰囲気違いが楽しめる。

A

持ち手や注ぎ口を出せるスリットつきなので、
カバーをつけたままでも注げて便利。

B

16 帽子のようなポットカバーとコースター
編み方 72 ページ

トップにポンポンをつけた、

帽子のようなポットカバー。

太めのなわ編みを組み合わせ、

編み地に厚みを持たせて保温効果をアップ。

余り糸で編んだコースターには、

両サイドになわ編みをあしらって、

セット感を出しています。

ボリュームのあるポンポンが小さな帽子のようでかわいい。
手持ちのポットのサイズに合うように、なわ編みの本数を
増減しても。

25

17 ブルーのマルシェバッグ

編み方 **74** ページ

引き上げ編みの立体的な縦のラインが印象的な丸底マルシェバッグ。

太めの麻糸を使っているので伸びにくく、大きすぎないサイズが魅力。

18 ワンハンドルのマルシェバッグ

編み方 **74** ページ

ブルーのマルシェバッグと本体は同じ編み方ですが、
持ち手をワンハンドルにしました。
入れ口と持ち手は、糸の色をかえてアクセントに。

3本どり（大）

2本どり（中）

19 キャットハウス
編み方 **76** ページ

極太糸3本どりで編んだ、テトラ形のキャットハウス。
2本どり、1本どりで編むと、サイズが小さくなるので
小物入れとしても使えます。持ち手をつけたので持ち運びにも便利。

※3本どり（大）は体重4～5kgぐらいのねこ用を想定しています。

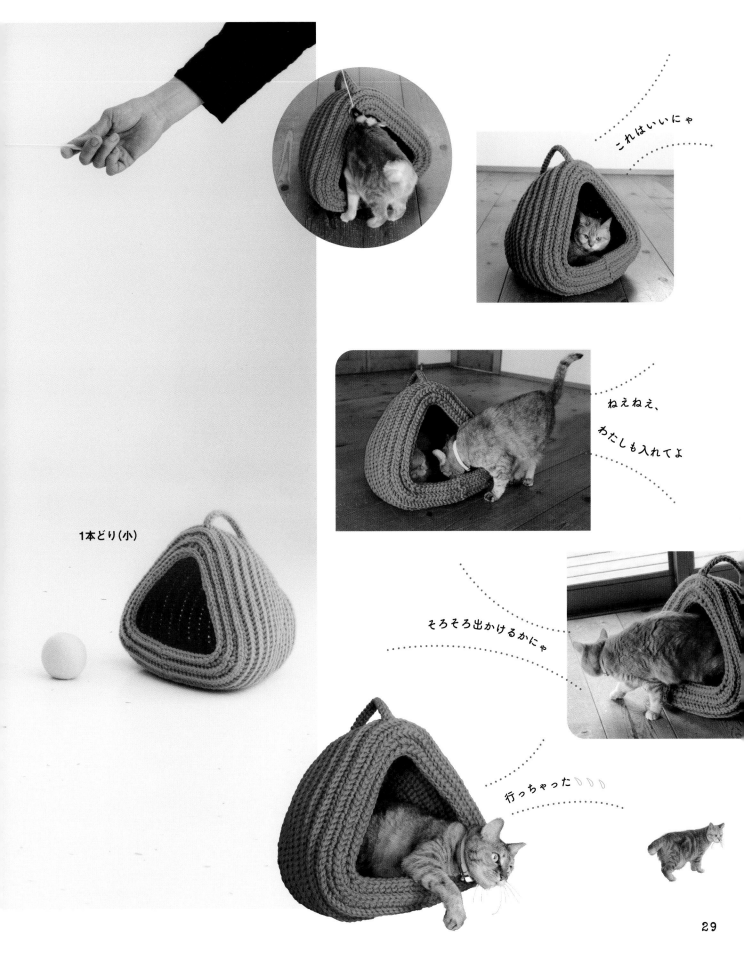

1本どり（小）

これはいいにゃ

ねえねえ、
わたしも入れてよ

そろそろ出かけるかにゃ

行っちゃった

29

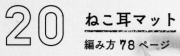
麻のコードで編む、素肌に心地よいマット。
ぐるぐると楕円に編みますが、最後の3段で
くりぬいたようなねこ耳の縁取りを編みます。

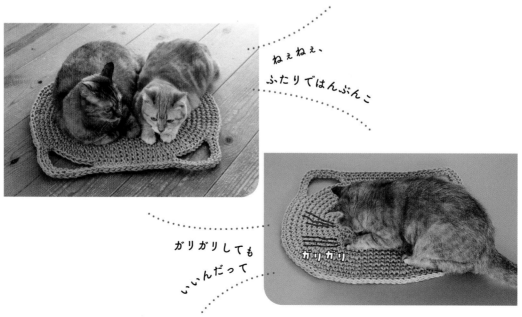

ねぇねぇ、
ふたりではんぶんこ

ガリガリしても
いいんだって

ガリガリ

ねこと編み物と

ミナです♪

麦わら柄

メルです♡

茶トラ柄

　我が家には2匹の猫がいます。どちらも保護猫の女の子で、焦げ茶色の麦わら柄の子がミナ、茶トラ柄の子がメルです。編み物の仕事に専念するために会社を辞め、ずっと家にいるようになってからは、猫たちにごはんやオヤツをあげる時間が私のひと休みの時間になりました。不規則になりがちな私の食事の時間も猫たちと連動するおかげで、規則正しく過ごせています。そういった猫たちとの暮らしのなかで思いついたのが手編みの猫グッズです。最初にひらめいたのがネズミ風のおもちゃ。苦手だった編みぐるみに挑戦したのも猫たちのためでした。このとき、誰かのために編んであげる気持ちは何かと強いモチベーションにつながっていくことを実感しました。

　その後、猫のためのバスケットやキャットハウスなどの大きなものを作っていますが、実際に猫たちが気に入ってくれるかどうかは出来上がってみるまでわかりません。それでも喜んでくれることを想像しながら編むのはとても楽しいものなのです。

21 傘のグリップカバー

編み方 **79** ページ

シンプルなビニール傘の持ち手にかぶせれば
自分だけの傘の目印になる、細い筒状のグリップカバー。
ひも飾りつきの引き上げ編みタイプと、
1段ごとに色をかえながら編む松編みタイプの
2種類をお好みで。

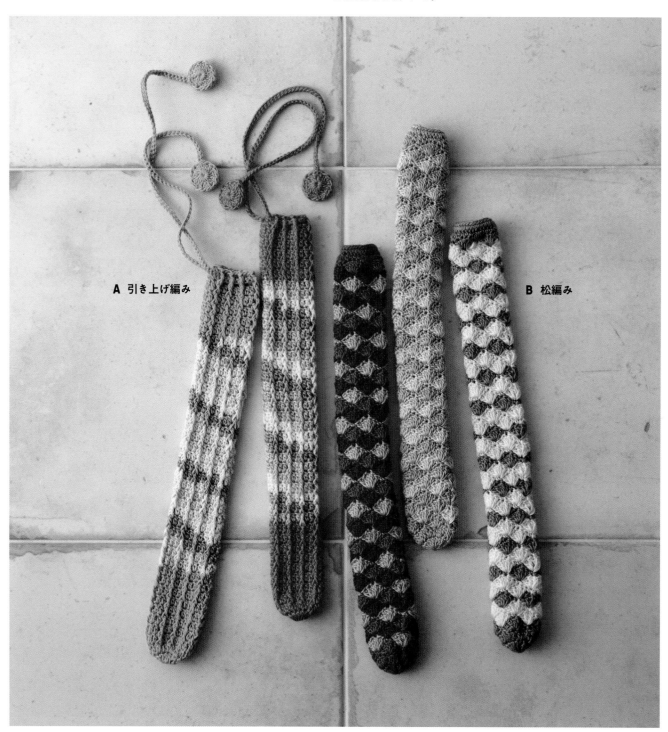

A 引き上げ編み

B 松編み

カバーを持ち手にかぶせ、
ひもで結んでアクセントに。

好きな配色で編めば、たくさん
の傘の中から迷わず自分の1本
を見つけることができる。

A

22 ルームシューズ

編み方48ページ

ころんと丸く、木靴のような形が
かわいいルームシューズ。
つま先からかかとのタブまで
一筆書きのように一気に編めるのがポイント。
ボーダーやバイカラーなど、
好きなところで色を切り替えて、
いくつも編んでみて。

B

23 巾着形のオーナメントボール
編み方 **43** ページ

クリスマスツリーをにぎやかに彩る、
カラフルなオーナメントボール。
巾着形なので、中に小さなプレゼントを
入れて飾っても。

A しましま

B トナカイとツリー

C チェック

05 作品9ページ つま先から編むソックス

A **B**

●出来上がり寸法
丈　**A** 12.5cm　**B** 22cm
底の長さ（**A・B共通**）22cm
　（22〜24cmに対応）
足首回り　**B** 20cm

●ゲージ
メリヤス編み、模様編み①
28目×42段＝10cm角

材料
合太程度のストレート糸
　A 淡ピンク…70g
　B オリーブ色…95g

用具（**A・B共通**）
3号80cm輪針
そのほかに、段数マーカー、毛糸用
とじ針、はさみ、メジャーなど

[トルコ式の作り目]
トルコ式の作り目は輪針に巻きつけた糸の上下をすくってぐるりと1周編む編み方で、編み始めが袋状になります。ソックスのつま先から編み始めるのに便利です。

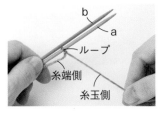

1 輪針の針をそろえて持つ（下側をa、上側をbとする）。糸端にループを作り、aの針に通してループを引き締める。

2 ループを左側に寄せ、矢印のように針の向こう側から手前に糸を巻きつける。

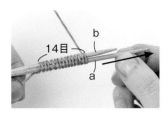

3 必要な目数の半分の回数を巻き（ループは1目と数えない）、aの針を抜く。

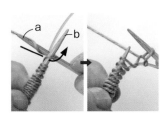

4 aの針を右手に持ち、bの針にかかった1目めに表目を編む。

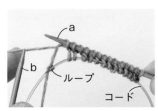

5 bの針にかかった残りの目も同様に編む。コードに**1**のループが残る。

製図
※すべて3号輪針
※数字が1つのものはA・B共通

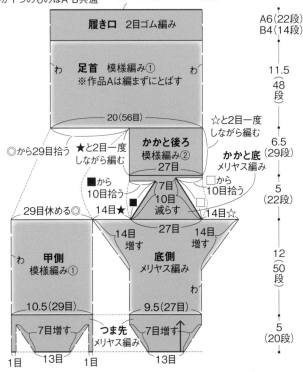

縫い止め（37ページ参照）

履き口　2目ゴム編み

足首　模様編み①
※作品Aは編まずにとばす

A6（22段）
B4（14段）

11.5
（48段）

20（56目）

◎から29目拾う

☆と2目一度しながら編む

★と2目一度しながら編む

かかと後ろ
模様編み②
27目

かかと底
メリヤス編み

6.5
（29段）

■から10目拾う

29目休める◎

14目★

7目
10目減らす

27目

□から10目拾う

14目☆

5
（22段）

甲側
模様編み①

わ

14目増す

底側
メリヤス編み

14目増す

わ

12
（50段）

10.5（29目）

9.5（27目）

7目増す

つま先
メリヤス編み

7目増す

5
（20段）

1目　13目　1目　13目

←トルコ式の作り目で14目（28目分）作る→

出来上がり図

履き口

足首
（Bのみ）

甲側

つま先

20

底側

かかと後ろ

かかと底

22

A12.5
B22

編み方

糸は1本どり。輪に編む部分は「マジックループの編み方」（86ページ参照）、往復に編む部分は2本棒針のように使って編む。

1 つま先を編む。3号輪針を使い、［トルコ式の作り目］を参照して、14目（28目分）を作る。38ページの編み方記号図を参照し、目を増しながら20段めまで輪に編む。続けて調整段を編み、次の段の編み始めの位置を底側の中央に移動する。

2 底側・甲側を編む。底側はメリヤス編み、甲側は模様編み①を50段（底側は24段めから目を増しながら）輪に編む。

3 かかと底を編む。目を減らしながらメリヤス編みを往復に編み、21、22段めでかかと底の左右の目を拾う。甲側の休み目は、輪針のコードに休ませておく。

4 かかと後ろを編む。模様編み②で底側の目と2目一度をしながら29段往復に編む。

5 Bは足首を編む（Aは足首を編まず、次の工程**6**に続く）。かかと後ろと、甲側で休めておいた目の計56目で模様編み①を48段輪に編む。

6 履き口を編む。Aはかかと後ろと、甲側で休めておいた目の計56目で2目ゴム編みを22段輪に編む。Bは2目ゴム編みを14段輪に編む。

7 編み終わりは［縫い止めのしかた］を参照して針にかかった目を止め、糸始末をする。

8 同じものをもう1枚作る。

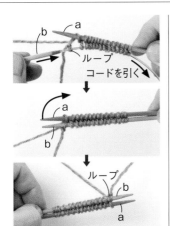

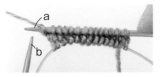

9 **2**で巻きつけた目の上下に表目が編めた。これが1段めになる。

6 bの針を、編んだ目の下側に移動させ、針をそろえる。針の向きを180度回転させ、左手に持つ。aの針が下側になる。

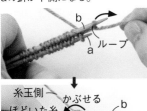

7 bの針からループを外してほどき、糸玉側の糸の上側にほどいた糸をかぶせて交差させる。

10 **6**と同様に針を移動させ、そろえた針を180度回転させる。aの針を抜き、bにかかった1目めに表目を編む。

11 編み方記号図を参照して増し目をしながら、残りの目も編む。

袋状になる

12 3段め以降も輪に編む部分は、同じ要領で編む。

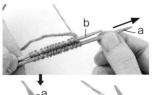

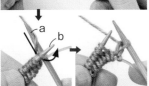

8 aの針を抜き、bにかかった1目めに表目を編む。続けて残りの目も編む。

［縫い止めのしかた］

伏せ止めより伸縮性があり、ゴム編み止めより手軽な"縫い止め"。返し縫いのようにとじ針を運び、最終段の目を止めていきます。
※わかりやすいように糸端の糸の色をかえています。

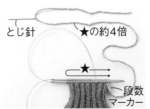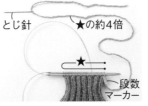

とじ針　★の約4倍　段数マーカー

1 最終段まで編んだら、履き口の長さの約4倍を残して糸端を切り、とじ針に通す。最終段の1目めに段数マーカーをつけておく。

2 最終段の1目めと2目めに矢印のように右側からとじ針を入れ、糸を引く。次に1目めの左側から右側にとじ針を入れ、糸を引く。

1目めを外す

3 1目めを針から外す。

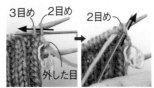

4 **2**と同じ要領で、2目めと3目めに右側からとじ針を入れて糸を引く。次に2目めの左側からとじ針を入れて糸を引き、**3**と同様に2目めを針から外す。

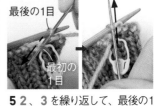

5 **2**、**3**を繰り返して、最後の1目になるまでぐるりと縫い止めをする。最後の1目と最初の1目に向こう側からとじ針を入れて糸を引き、最後の1目に左側からとじ針を入れて引き、目を外す。

6 1周縫い止めができたところ。段数マーカーを外し、残った糸端は編み地の裏側で始末する。

編み方記号図

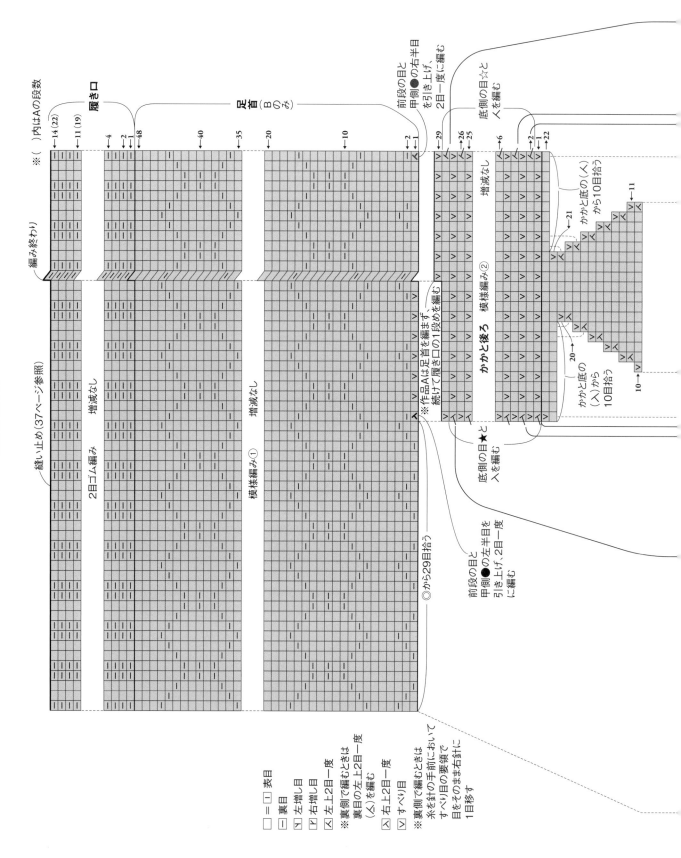

記号凡例:
- □ = |1| 表目
- | 裏目
- Y 左増し目
- ⋏ 右増し目
- ⋏ 左上2目一度
- ※裏側で編むときは
  裏目の左上2目一
  度(⋏)を編む
- ⋏ 右上2目一度
- ⋏ すべり目
- ※裏側で編むときは
  糸を針の手前において
  すべり目の要領で
  目をそのまま右針に
  1目移す

足首(Bのみ)

履き口

※( )内はAの段数

縫い止め(37ページ参照)

2目ゴム編み　増減なし

編み終わり

模様編み①　増減なし

◎から29目拾う

前段の目と
甲側の左半目を
引き上げ、2目一度
に編む

※作品Aは足首を編まず、
続けて履き口の1段めを編む

前段の目と
甲側の右半目
を引き上げ、
2目一度に編む

かかと後ろ　模様編み②
増減なし

底側の目★と
甲側の目☆と
へを編む

底側の目と
へを編む

かかと底の（ヘ）
から10目拾う

かかと底の（ヘ）
から10目拾う

38

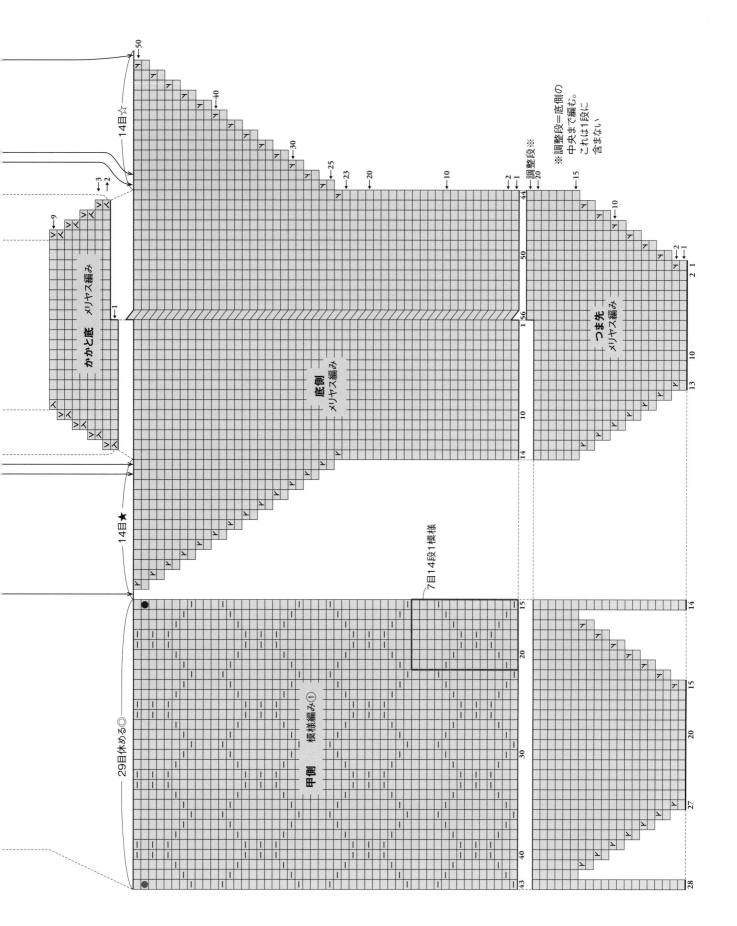

●出来上がり寸法
　手のひら回り20cm　丈24cm
●ゲージ
　メリヤス編みの編み込み模様
　32目×42.5段＝10cm角

材料
中細程度のストレート糸
　からし色…25g　白…15g　青…15g
　黒…8g

用具
2号23cm輪針(5本棒針でも可)
2号5本棒針
そのほかに、別糸(親指穴用・指先あき用・
親指スリット穴用)、毛糸用とじ針、なわ
編み針(あれば)、はさみ、メジャーなど

編み方
糸は1本どり。指定の針と配色で編む。
※左右で親指穴、指先あきの位置が異なる
ので注意して編む。
1 2号輪針を使い、一般的な作り目で64目を
作り、輪にする(5本棒針で編む場合は、針に
目を均等に分けて輪にする)。本体の編み方
記号図を参照し、模様編みを25段めまで編む。
2 メリヤス編みの編み込み模様(編まない糸
は編み地の裏側で渡す)を25段めまで編み、
26段めは親指穴の位置に別糸を編み込みなが
ら(42ページ参照)編み進み、41段めま
で編む。42段めは指先あきの位置に別糸を
編み込みながら編み進み、60段めまで編む。
3 針を2号棒針にかえ、減らし目をしなが
らメリヤス編みを15段輪に編む。糸端を約
10cm残して切り、とじ針に通して残った4
目に2周通して引き絞る。
4 2号棒針を使い、親指を編む。42ページ
の「親指穴の目の拾い方」「親指穴と親指
スリット穴の目の拾い位置」を参照して目

を拾い、「親指の編み方記号図」を参照して
メリヤス編みを25段輪に編む。途中12段
めの親指スリット穴の位置に別糸を編み込
み、22段めからは目を減らしながら編む。
糸端を約10cm残して切り、とじ針に通して
残った4目に2周通して引き絞る。
5 2号棒針を使い、親指スリット穴を編む。
42ページの「親指スリット穴の目の拾い
方」「親指穴と親指スリット穴の目の拾い位
置」「親指スリット穴の編み方記号図」を参
照して目を拾い、裏目の伏せ目で伏せる。
6 2号棒針を使い、指先あきの縁を編む。
42ページの「指先あきの目の拾い方」「指
先あきの縁の編み方記号図」を参照して目
を拾い、手首側の29目は裏目の伏せ目で
伏せる。続けて指先側の30目は棒針2本を
使って1目ゴム編みを往復に10段まで編
む。編み終わりは前段の目に合わせて伏せ
目をし、1目ゴム編みの両わきを青の糸で本
体にまつる。親指穴と指先あきの位置をか
えて、もう1枚作る。

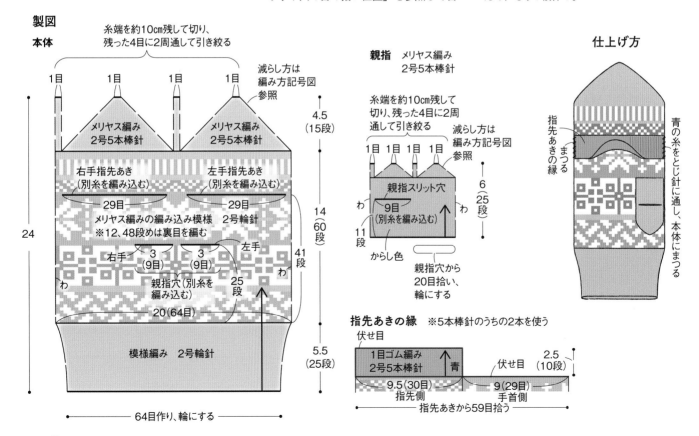

製図

本体

糸端を約10cm残して切り、
残った4目に2周通して引き絞る

1目　1目　1目　1目

減らし方は
編み方記号図
参照

メリヤス編み
2号5本棒針

メリヤス編み
2号5本棒針

4.5
(15段)

右手指先あき
(別糸を編み込む)

左手指先あき
(別糸を編み込む)

29目　　29目

メリヤス編みの編み込み模様　2号輪針
※12、48段めは裏目を編む

右手　　3
(9目)

3
(9目)　左手

14
(60段)

41
段

わ　　親指穴(別糸を
編み込む)

25
段

わ

20(64目)

24

模様編み　2号輪針

5.5
(25段)

← 64目作り、輪にする →

親指 メリヤス編み
2号5本棒針

糸端を約10cm残して
切り、残った4目に2周
通して引き絞る

1目　1目　1目　1目

減らし方は
編み方記号図
参照

親指スリット穴

わ　9目
(別糸を編み込む)　わ

6
(25
段)

11
段

からし色

親指穴から
20目拾い、
輪にする

指先あきの縁 ※5本棒針のうちの2本を使う

伏せ目

1目ゴム編み
2号5本棒針　青

伏せ目

2.5
(10段)

9.5(30目)
指先側

9(29目)
手首側

指先あきから59目拾う

仕上げ方

指先あきの縁

まつる

青の糸をとじ針に通し、本体にまつる

本体の編み方記号図

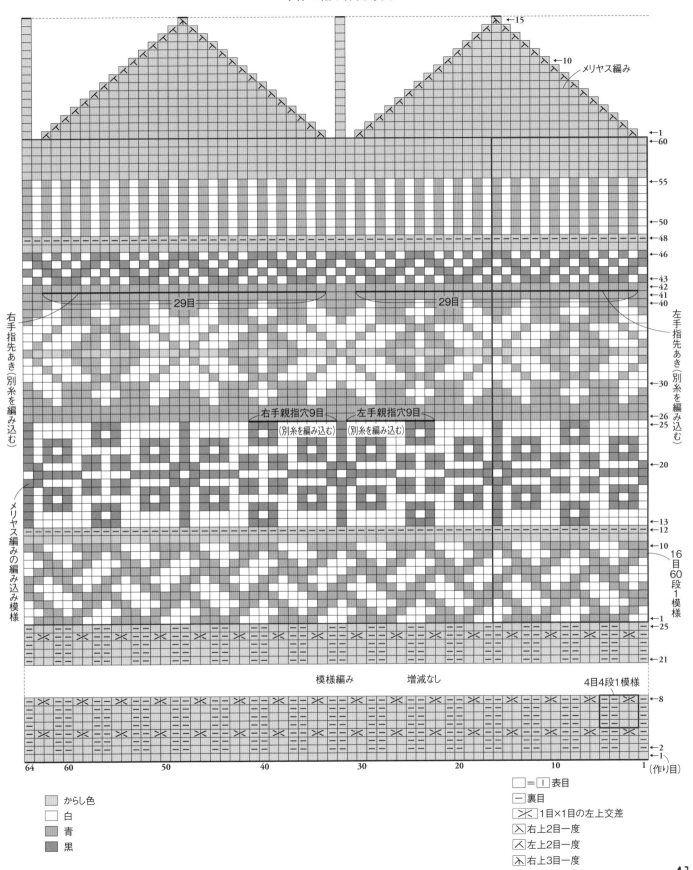

← 15
← 10
メリヤス編み
← 1
← 60
← 55
← 50
← 48
← 46
← 43
← 42
← 41
← 40

右手指先あき（別糸を編み込む）

左手指先あき（別糸を編み込む）

29目

29目

← 30

右手親指穴9目

左手親指穴9目

← 26
← 25

（別糸を編み込む）

（別糸を編み込む）

メリヤス編みの編み込み模様

← 20

← 13
← 12

← 10

16目60段1模様

← 1
← 25

← 21

模様編み

増減なし

4目4段1模様

← 8

← 2
← 1

64   60   50   40   30   20   10   1（作り目）

からし色

□ 白

青

黒

□ = Ⅰ 表目
― 裏目
✕ 1目×1目の左上交差
⋏ 右上2目一度
⋌ 左上2目一度
⋏ 右上3目一度

41

親指穴の目の拾い方

ねじり目で
1目拾う
8目拾う
ねじり目で
1目拾う
ねじり増し目
で1目拾う
9目拾う
編み始め

親指スリット穴の目の拾い方

裏目の
ねじり目で
1目拾う
8目拾う
裏目の
ねじり目で
1目拾う
9目拾う
編み始め

※編み始めに新しくからし色の糸をつけ、
19目を拾いながら裏目の伏せ目をする。

親指スリット穴の編み方記号図

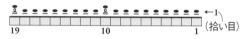

←1
（拾い目）
19　　　　　10　　　　　1

⚉ 裏目のねじり目で1目拾い、
　その目を伏せ目にする

指先あきの目の拾い方

※拾い位置は「親指穴と親指スリット穴の
　目の拾い位置を参照」（目数は異なる）

2号5本棒針の2本を使い、
30目を往復に編む
28目拾う
ねじり目1目
ねじり目1目
29目を拾いながら
裏目の伏せ目をする
編み始め

親指穴と親指スリット穴の目の拾い位置

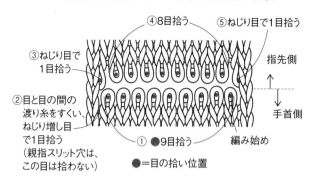

③ねじり目で
1目拾う
④8目拾う
⑤ねじり目で1目拾う
指先側
②目と目の間の
渡り糸をすくい、
ねじり増し目
で1目拾う
（親指スリット穴は、
この目は拾わない）
① ●9目拾う
編み始め
手首側
●＝目の拾い位置

親指の編み方記号図

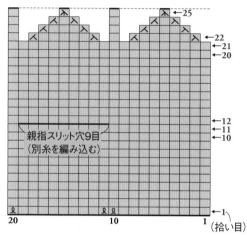

←25
←22
←21
←20
←12
←11
←10

親指スリット穴9目
（別糸を編み込む）

←1
（拾い目）
20　　　　10　　　　1

[目] ねじり目　　[目] ねじり増し目
※そのほかの凡例は41ページ参照

指先あきの縁の編み方記号図

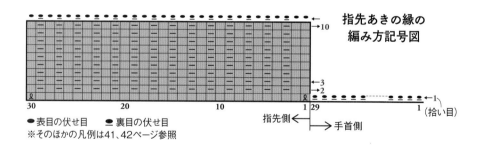

←10
←3
←2
←1
30　　　　20　　　　10　　　1 29　　　　　　　1
（拾い目）
指先側←　　→手首側

● 表目の伏せ目　　● 裏目の伏せ目
※そのほかの凡例は41、42ページ参照

別糸の編み込み方

※目数、編み地の状態は作品とは異なる

指定の目数
休めておく
別糸

1 穴やあきの手前で編んでいた糸を
　　休め、別糸で指定の目数を編む。

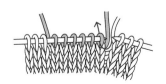

2 別糸で編んだ目を左の針に移し、
　　別糸の上から続きを編む。

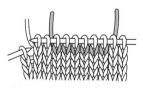

3 続けて編んでいく。

42

23 作品35ページ 巾着形のオーナメントボール

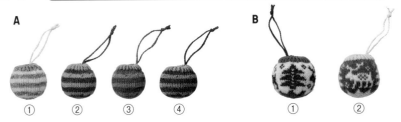

A ① ② ③ ④

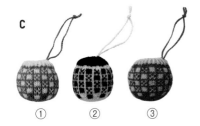

B ① ② **C** ① ② ③

●出来上がり寸法(ひもを除く)
　周囲　**A** 15cm　**B・C** 20cm
　高さ　**A** 8.2cm　**B・C** 10cm
●ゲージ
　A メリヤス編みのしま
　　16目×18.5段=5cm角
　B・C メリヤス編みの編み込み模様
　　16目×19.5段=5cm角

材料
合太程度のストレート糸
A ①グレー・黄色
　　②水色・濃ピンク
　　③黄緑・青
　　④オレンジ色・濃赤
　　　…各5g

B ①緑…5g
　　　オフホワイト…5g
　　　赤…4g
　　②黄色…5g　緑…5g
　　　オフホワイト…4g
C ①青・たまご色
　　②薄ベージュ・黒
　　③濃赤・濃ベージュ
　　　…各7g
そのほかに、化繊綿…適宜

用具
2号5本棒針
5/0号かぎ針(作り目用、ひも用)
そのほかに、別糸(作り目用)、毛糸用とじ
針、はさみ、ひも通し、メジャーなど

編み方
糸は1本どり。指定の配色で編む。[　]内は
B・Cの目数・段数。指定がない場合はA・
B・C共通。

1 側面を編む。5/0号かぎ針と2号棒針を
使い、「あとからほどける作り目」(83ペー
ジ参照)で16目作り目し、針に目を均等に
分けて輪にする(1段め)。44・45ページの
編み方記号図を参照し、増し目をしながら
Aはメリヤス編みのしま、B・Cはメリヤス
編みの編み込み模様を裏側で糸を渡しなが
ら23段め[31段め]まで編む。24段め[32
段め]で減らし目をし、26段め[33段め]ま
で編む。

2 入れ口を編む。Aは増減なく、B・Cは
1段めで減らし目をしながら、9段め[13段
め]までねじり1目ゴム編みを編む。途中、
右上2目一度とかけ目でひも通し口を作る。
編み終わりは伏せ目をする。

3 ひもを編む。5/0号かぎ針で鎖編みを
80目[100目]編み、糸端を始末する。

4 仕上げる。45ページの「仕上げ方」を
参照し、作り目の別糸の鎖をほどいて目を
棒針に移し、糸端をとじ針に通して目に2
周通して引き絞る。入れ口を内側に半分に
折ってまつり、ひも通し口からひも通しで
ひもを通し、ひも端を2本一緒に結ぶ。化
繊綿を編み地の内側に薄く沿わせるように
入れ、形を整える。

製図

※作り目は5/0号かぎ針。
それ以外はすべて2号5本棒針で輪に編む

本体　伏せ目

減らし方は
編み方記号図参照

入れ口　半分に折る

ねじり1目ゴム編み

A12.5(40目)　B・C15(48目)

A2.4(9段)
B・C 3(13段)

A
8.2
B・C
10

わ　　　わ

側面

Aメリヤス編みのしま
B・Cメリヤス編みの編み込み模様

A7(26段)
B・C8.5(33段)

A15(48目)　B・C20(64目)

増し方は
編み方記号図
参照

編み始めの
糸端は15cm
残す

16目作り、
輪にする
(あとからほどける作り目)

ひも　5/0号かぎ針
※Aは配色表(44ページ)の□、B-①は赤、
B-②は黄色、Cは配色表(45ページ)の▨の色で編む

編み始め　　　A 30(鎖80目)　　　編み終わり
　　　　　　 B・C 38(鎖100目)

○　鎖編み

編み方記号図

□ = |1| 表目
─ 裏目
Ω ねじり目
Ω ねじり増し目
人 左上2目一度
人 右上2目一度
O かけ目
● 表目の伏せ目

本体A

ねじり1目ゴム編み

ひも通し口

メリヤス編みのしま

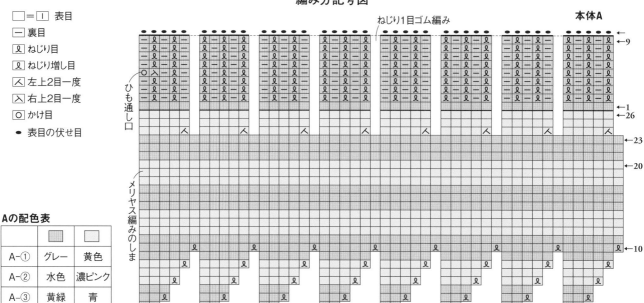

Aの配色表

A-①	グレー	黄色
A-②	水色	濃ピンク
A-③	黄緑	青
A-④	オレンジ色	濃赤

本体B

ねじり1目ゴム編み

ひも通し口

メリヤス編みの編み込み模様

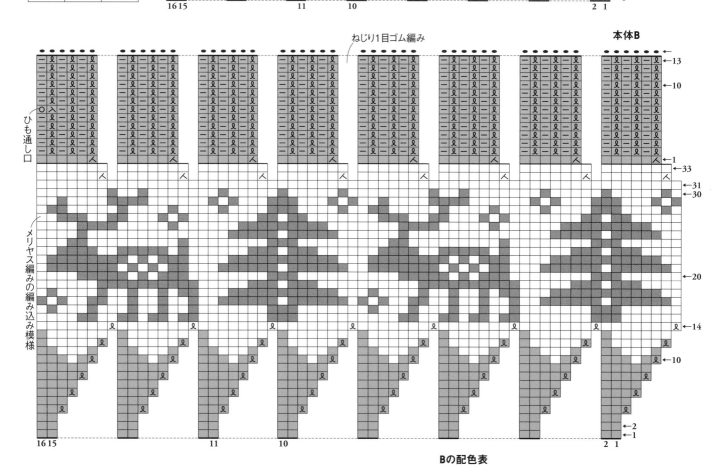

Bの配色表

B-①	緑	オフホワイト	赤
B-②	黄色	緑	オフホワイト

編み方記号図

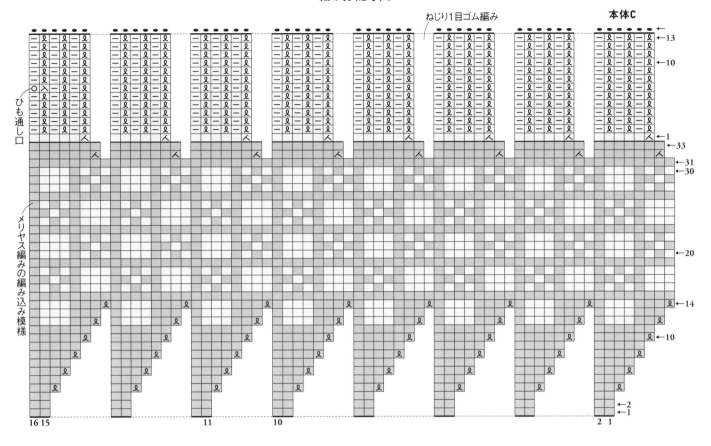

ねじり1目ゴム編み

本体C

ひも通し口

メリヤス編みの編み込み模様

← 13
← 10
← 1
← 33
← 31
← 30
← 20
← 14
← 10
← 2
← 1

16 15   11   10   2 1

仕上げ方（A～C共通）

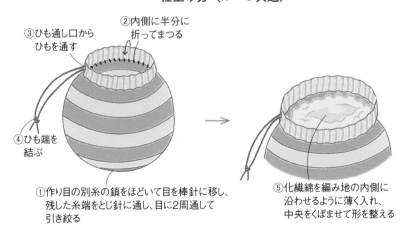

③ひも通し口から
ひもを通す

②内側に半分に
折ってまつる

④ひも端を
結ぶ

①作り目の別糸の鎖をほどいて目を棒針に移し、
残した糸端をとじ針に通し、目に2周通して
引き絞る

⑤化繊綿を編み地の内側に
沿わせるように薄く入れ、
中央をくぼませて形を整える

Cの配色表

C-①	青	たまご色
C-②	薄ベージュ	黒
C-③	濃赤	濃ベージュ

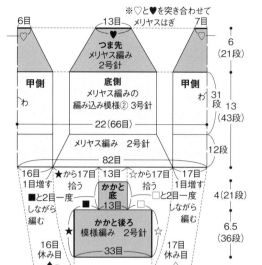

製図

※底側とつま先の減らし方は編み方記号図参照

●出来上がり寸法
丈24.5cm　底の長さ23cm
（22～24cmに対応）
足首回り22cm

●ゲージ
メリヤス編みの編み込み模様
30目×33段＝10cm角

材料

合太程度のストレート糸
ターコイズブルー…20g　グレー…
30g　クリーム色…30g　赤…5g

用具

2号23cm輪針
3号23cm輪針
2号5本棒針
そのほかに、目数リング、段数マーカー、
毛糸用とじ針、はさみ、メジャーなど

編み方

糸は1本どり。指定の針と配色で、編み
方記号図を参照して編む。

1 履き口を編む。2号輪針を使って、一
般的な作り目で66目作り、輪にする。ね
じり1目ゴム編みを16段編む。

2 足首を編む。2号輪針でメリヤス編みを
2段めまで編む。針を3号輪針にかえ、メリ
ヤス編みの編み込み模様①を17段めまで、
②を48段めまで編む。47段めのねじり増
し目拾い位置の目の半目（●は左の半目、◆
は右の半目）に段数マーカーをつけておく。

3 かかと後ろを編む。針を2号5本棒針の
2本にかえ、模様編みを往復に36段編む。

4 かかと底を編む。**3**から続けて模様編み
を往復に21段編むが、両端でかかと後ろの
■・□と2目一度をしながら編む。

5 底側、甲側を編む。2号輪針で足首の休
み目（▲・△）とかかと後ろ（★・☆）、ねじ
り増し目（●・◆）の拾い目位置半目から拾
い目をして輪にする。底側と甲側を、減ら
し目をしながらメリヤス編みで12段めまで
編み、針を3号輪針にかえてメリヤス編み
の編み込み模様②を43段めまで輪に編む。

6 つま先を編む。針を2号5本棒針にかえ、
減らし目をしながらメリヤス編みで21段編
む。調整段（編み方記号図参照）を7目編ん
でから、糸端を30cmほど残して切り、とじ
針に通して♡と♥を突き合わせてメリヤス
はぎをする。同じものをもう1枚作る。

製図内の記述

※♡と♥を突き合わせて
メリヤスはぎ

6目　13目　7目

つま先　メリヤス編み　2号針

甲側　わ　底側　メリヤス編みの編み込み模様②　3号針　甲側　わ　31段

22（66目）

メリヤス編み　2号針

82目

6（21段）　13（43段）　12段

16目　1目増す　★から17目拾う　13目　☆から17目拾う　17目　1目増す

■と2目一度しながら編む　かかと底　13目　□と2目一度しながら編む

16目休み目　かかと後ろ　模様編み　2号針　17目休み目

33目　4（21段）　6.5（36段）

▲　△

足首　メリヤス編みの編み込み模様②　3号針　わ　31段　14.5（48段）

メリヤス編みの編み込み模様①3号針
メリヤス編み　2号針　22（66目）　15段

履き口　ねじり1目ゴム編み　2号針　わ　2段　3.5（16段）

後ろ中央（編み始め）

66目作り、輪にする

編み方記号図

47ページに続く

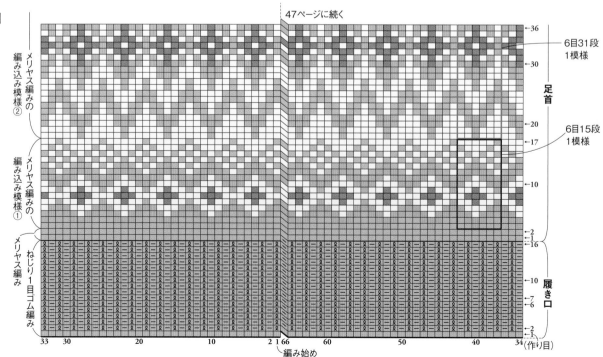

6目31段1模様

6目15段1模様

メリヤス編みの編み込み模様②
メリヤス編みの編み込み模様①
メリヤス編み
ねじり1目ゴム編み

足首　履き口

←36　←30　←20　←17　←10　←2　←1　←16　←10　←6　←2　←1

33　30　20　10　2 1 66　60　50　40　34（作り目）

編み始め

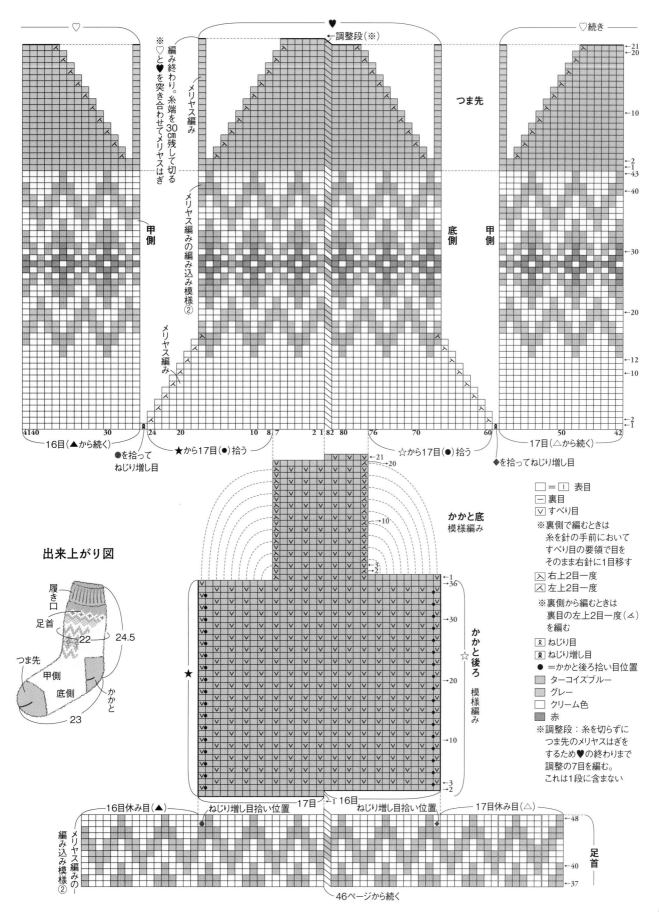

作品34ページ **ルームシューズ**

A　　　　　　**B**

●出来上がり寸法
底の長さ24.5㎝　甲回り27㎝
●ゲージ
細編み(輪に編む場合)
9目=10㎝　1段=1㎝

材料

A 極太程度のジュート糸
　ブルー…175g
　オフホワイト…55g
B 極太程度のジュート糸
　黄色…120g　グレー…120g

用具(**A**・**B**共通)

10/0号かぎ針
そのほかに、毛糸用とじ針、はさ
み、メジャー、市販のすべり止め
剤やシートなど

編み方

糸は2本どり。指定の配色で編む。

1 糸輪の編み始めでつま先から
編む。指定の位置で増し目をし
ながら細編みを5段輪に編む。
2 甲回りは、増減なく細編みを
8段輪に編む。
3 底は、指定の位置で減らし目
をしながら細編みを12段往復に
編む。
4 縁編みと側面は、指定の位置
で減らし目をしながら細編みを
4目編み、底の△から13目、☆
と★から各4目、底の▲から13
目拾って細編みと細編み2目一
度を輪に編む。2段めは細編み、
3段めは引き抜き編みを編み、
続けてタブを編む。
5 **1**~**4**を繰り返し、同じも
のをもう1つ作る。
6 ルームシューズが1組編み上
がったら、底にすべり止め(市
販のすべり止め剤やシートな
ど)をつける。

製図　　　　　　　　　　　　　※すべて10/0号かぎ針
　　　　　　　　　　　　　　　　　配色はB

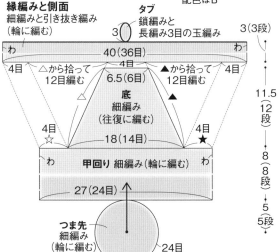

編み方記号図　※配色はB

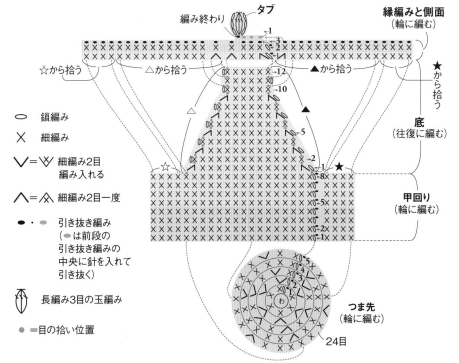

○　鎖編み

✕　細編み

∨=∨∨ 細編み2目
　　　編み入れる

∧=∧∧ 細編み2目一度

●・・ 引き抜き編み
　　 (●は前段の
　　 引き抜き編みの
　　 中央に針を入れて
　　 引き抜く)

長編み3目の玉編み

● =目の拾い位置

目数・配色表

	段	目数	増減目数	Aの配色	Bの配色
縁編みと側面	3	36目		ブルー	黄色
	2				
	1	36目	+30目		グレー
底	12	6目		ブルー	グレー
	11				
	10				
	9	6目	-2目		
	8	8目			
	7	8目	-2目		
	6	10目			
	5	10目	-2目		
	4	12目			
	3	12目	-2目		
	2	14目			
	1	14目	-10目		
甲回り	8	24目		オフホワイト	グレー
	7			ブルー	
	6			オフホワイト	
	5			ブルー	
	4			オフホワイト	黄色
	3			ブルー	
	2			オフホワイト	
	1			ブルー	
つま先	5	24目	+3目	ブルー	黄色
	4	21目	+3目		
	3	18目	+6目		
	2	12目	+6目		
	1	6目			
	編み始め	糸輪			

●出来上がり寸法
　周囲54cm　丈16cm
●ゲージ
　メリヤス編みの編み込み模様
　28.5目×32段=10cm角

材料
合太程度のストレート糸
　ライムイエロー…40g
　オフホワイト…25g

用具
5号40cm輪針(5本棒針でも可)
そのほかに、毛糸用とじ針、はさみ、メ
ジャーなど

編み方
糸は1本どり。編まない糸は裏側で渡し、
色をかえながら編む。
1 一般的な作り目で154目作り、輪にす
る。編み方記号図を参照し、指定の配色で

1目ゴム編みのしまを8段、メリヤス編みの
編み込み模様を35段、1目ゴム編みのしま
を8段、増減なく輪に編む。
2 編み終わりは前段の目に合わせて伏せ目
をする。

製図 ※すべて5号針

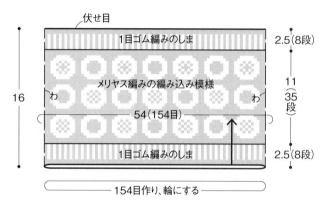

編み方記号図

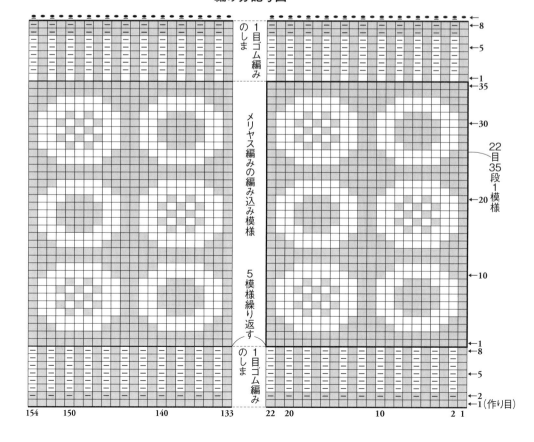

□=① 表目
□ 裏目
● 表目の伏せ目
● 裏目の伏せ目

■ ライムイエロー
□ オフホワイト

立体モチーフ飾りのミトン

●出来上がり寸法
手のひら回り20cm 丈22cm
●ゲージ
模様編み　22目×13.5段=10cm角

材料
合太程度のストレート糸
ブルーグレー…75g

用具
5/0号かぎ針
そのほかに、毛糸用とじ針、はさみ、メジャーなど

編み方
糸は1本どり。※甲側の立体モチーフの編み位置が左右で異なるので注意して編む。

1 本体を編む。鎖44目を作り目し、本体の編み方記号図を参照して模様編みを輪に編むが、1段めの最後で編み地を輪にする。途中、立体モチーフの編み方記号図を参照し、指定位置で立体モチーフを編み入れながら編む。次の段を編むときは、立体モチーフを編み地の表側に倒しておく。

2 親指まちを編む。8段めからは指定の位置で毎段増し目をしながら、15段めまで本体に続けて親指まちを模様編みで編む。

3 16段めの23目めは、親指まちの前段の指定位置2目(編み方記号図と写真参照)に針を入れて長編みを編み、親指まちを輪に

する(1つの輪で編んできたものが「本体の輪」と「親指まちの輪」に分かれる)。親指まちの15目は休め、続けて本体を編む。以降は「本体の輪」を24段めまでは増減なく、30段めまでは減らし目をしながら編む。

4 親指を編む。親指の編み方記号図を参照し、3で親指まちを輪にした長編みの下の目(◎と●)に糸をつけて立ち上がりの鎖3目を編み、親指まちの休ませた15目に模様編みを編む。5段めまでは増減なく、6段めは減らし目をしながら輪に編む。

5 「仕上げ方」を参照して本体の先端と親指の先端をはぐ。編み始めの糸端をとじ針に通し、作り目最後の鎖に2～3回通して輪につなぐ。立体モチーフの編み位置をかえてもう1つ作る。

製図　※すべて5/0号かぎ針

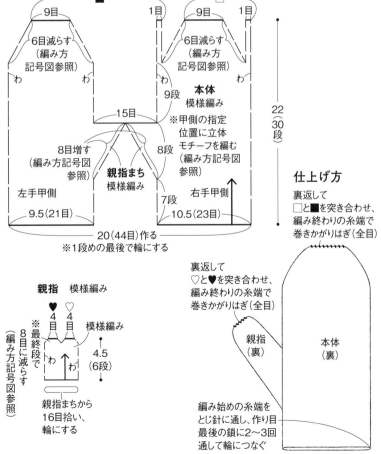

親指の編み方記号図

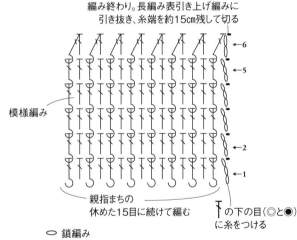

編み終わり。長編み表引き上げ編みに引き抜き、糸端を約15cm残して切る

模様編み

親指まちの休めた15目に続けて編む

┬の下の目(◎と●)に糸をつける

◯ 鎖編み
┬ 長編み
長編み表引き上げ編み
長編み表引き上げ編み(前段の目の足に編む)と長編み(前段の目の頭に編む)編み入れる
長編み(前段の目の頭に編む)と長編み表引き上げ編み(前段の目の足に編む)編み入れる

長編み表引き上げ編みと長編み2目一度
長編みと長編み表引き上げ編み2目一度
長編み表引き上げ編み2目一度

∨＝ 細編み3目編み入れる
● 引き抜き編み

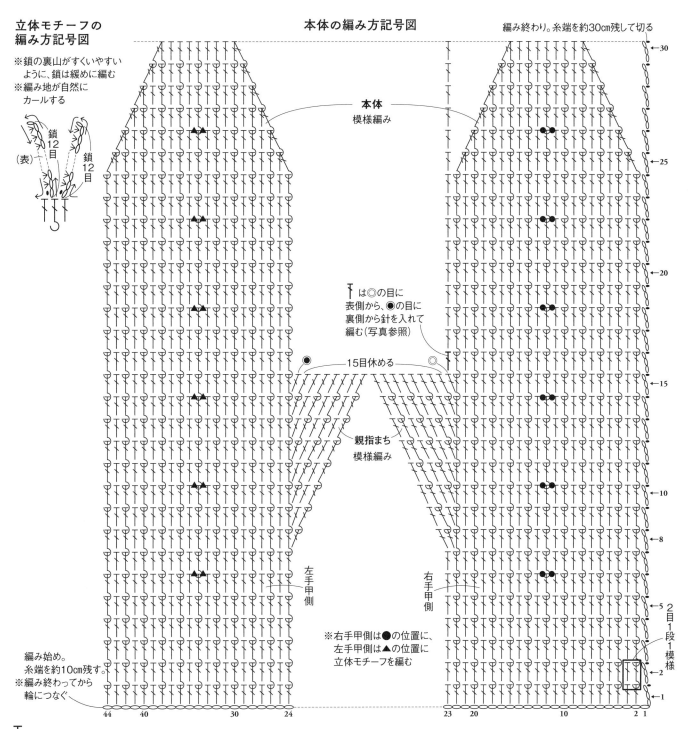

立体モチーフの編み方記号図

※鎖の裏山がすくいやすいように、鎖は緩めに編む
※編み地が自然にカールする

鎖12目 (表)
鎖12目

本体の編み方記号図

編み終わり。糸端を約30cm残して切る

本体 模様編み

†は◎の目に表側から、●の目に裏側から針を入れて編む（写真参照）

15目休める

親指まち 模様編み

左手甲側

右手甲側

※右手甲側は●の位置に、左手甲側は▲の位置に立体モチーフを編む

編み始め。糸端を約10cm残す。
※編み終わってから輪につなぐ

2目1段1模様

← 30
← 25
← 20
← 15
← 10
← 8
← 5
← 2
← 1

44 40 30 24

23 20 10 2 1

---

†（16段めの23目め）と16段め残りの編み方

1 †は前段の◎の目に表側から、●の目に裏側から針を入れて糸を引き出し、長編みを編む。

2 †が編めたところ。手前が親指まちの輪、向こう側が本体の輪になる。

本体の輪
長編み
親指まちの輪

3 親指まちの輪は休めて、本体の輪を続けて編む。

親指まちの輪

51

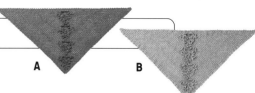

A   B

●出来上がり寸法
　幅140㎝　丈68㎝
●ゲージ
　模様編みA・B　9段=10㎝

材料
合太程度のストレート糸
　A ブルーグレー…210g
　B ベージュ…210g

用具
7/0号かぎ針
5/0号かぎ針
そのほかに、毛糸用とじ針、はさみ、メ
ジャーなど

編み方
糸は1本どり。本体は7/0号かぎ針、立体
モチーフは5/0号かぎ針で編む。
1 本体と縁編みの編み方記号図を参照し、
7/0号かぎ針を使って糸輪の編み始めで6
段めまでは模様編みAを、7段め以降は模
様編みAと模様編みBを、毎段編み地の向
きをかえて、目を増やしながら三角形に編
む。
2 10段めの立体モチーフ編み位置（♥）の

立体モチーフは3種類

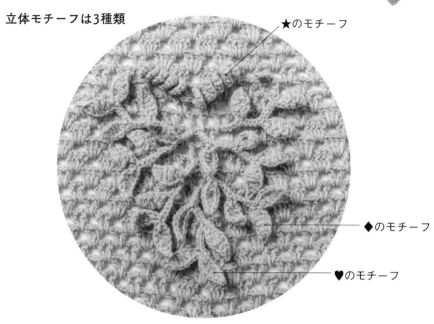

★のモチーフ

◆のモチーフ

♥のモチーフ

手前まで編んだら、針を5/0号かぎ針にか
え、54ページの立体モチーフの編み方記
号図を参照し、♥のモチーフを編む。再び
針を7/0号かぎ針にかえ、本体を続けて編
む。次の段を編むときは、前段で編んだ立
体モチーフを編み地の表側に倒して、本体

と縁編みの編み方記号図と写真を参照して、
長編みを編む。以降の各立体モチーフ編み
位置（♥・◆・★）でも同じ要領で立体モ
チーフを編み、本体を60段めまで編む。
3 本体から続けて縁編み（模様編みC）を1
段編み、編み地の裏側で糸の始末をする。

製図　※本体は7/0号かぎ針、立体モチーフは5/0号かぎ針で編む

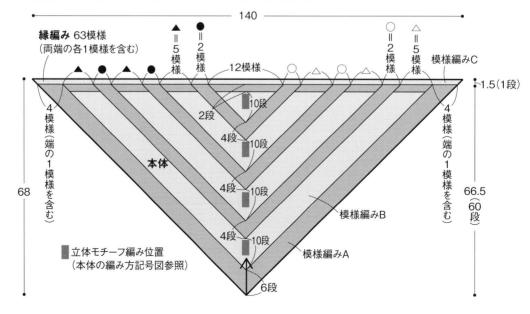

縁編み 63模様
（両端の各1模様を含む）

▲
=
5模様

●
=
2模様

12模様

○
=
2模様

△
=
5模様

模様編みC

1.5（1段）

4模様（端の1模様を含む）

10段
2段
4段
10段
4段
10段
4段
10段
6段

本体

模様編みB

模様編みA

4模様（端の1模様を含む）

68

66.5（60段）

■ 立体モチーフ編み位置
（本体の編み方記号図参照）

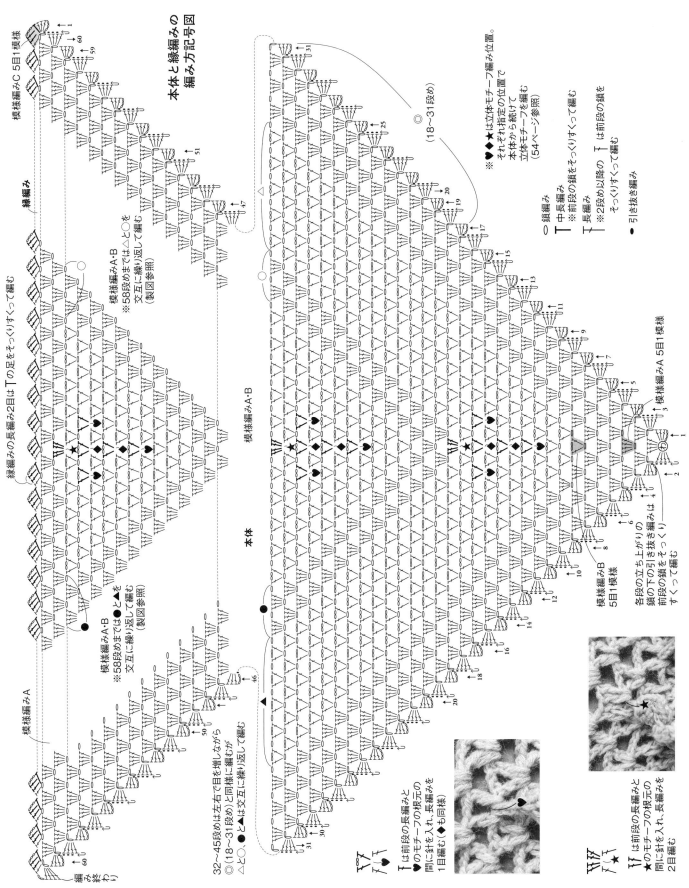

本体と縁編みの編み方記号図

模様編みC 5目1模様

縁編み

模様編み

模様編みA

本体

模様編みA・B

模様編みA 5目1模様

模様編みB 5目1模様

縁編みの長編みの2目はＴの足をそっくりすくって編む

32～45段めは左右で目を増しながら
◎(18～31段め)の☆と同様に編むが
△と○、●と△、と▲は交互に繰り返して編む

※58段めまでは△と○を
交互に繰り返して編む
(製図参照)

※58段めまでは●と▲を
交互に繰り返して編むが
●と○、●と▲も同様に
交互に繰り返して編む
(製図参照)

編み終わり

各段の立ち上がりの
鎖の下の引き抜き編みの
前段の鎖をそっくり
すくって編む

※は立本モチーフ編み位置。
それぞれ指定の位置で
本体から続けて
立体モチーフを編む
(54ページ参照)

※◆♥は立体モチーフ編み位置で
それぞれ指定の位置で
本体から続けて
立体モチーフを編む
(54ページ参照)

○ 鎖編み
Ｔ 中長編み
※前段の鎖をそっくりすくって編む
Ｔ 長編み
※2段め以降のＴは
前段の鎖を
そっくりすくって編む

• 引き抜き編み

♥はＴ前段の長編みと
♥のモチーフの根元の
間に針を入れ、長編みを
1目編む(◆も同様)

★はＴ前段の長編みと
★のモチーフの根元の
間に針を入れ、長編みを
2目編む

53

立体モチーフの編み方記号図　※5/0号かぎ針

※立体モチーフは常に偶数段で（編み地の裏側を見ながら）編む。
　編んだモチーフは編み地の向こう側（表側）に倒し、
　本体を続けて編む
※鎖の裏山がすくいやすいように、鎖は緩めに編む

⊖ 鎖編み
✕ 細編み
┬ 中長編み
┬ 長編み ⎫
⎬ 鎖の裏山を
⎭ すくって編む
∨ = ∨ 細編み3目編み入れる
● 引き抜き編み

◆のモチーフ

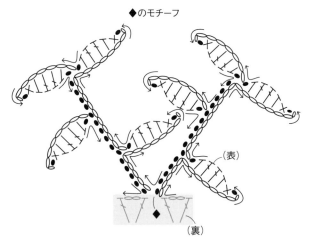

（表）
（裏）

♥のモチーフ

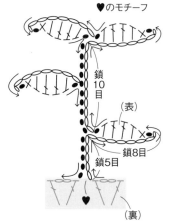

鎖10目
（表）
鎖8目
鎖5目
（裏）

★のモチーフ

※編み地が自然にカールする

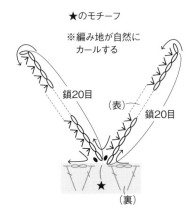

鎖20目　（表）　鎖20目
（裏）

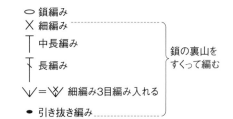

⑦ 作品12ページ ヘリンボーン柄のストール

●出来上がり寸法
　幅44.5cm　丈148cm
●ゲージ
　模様編み② 15目×26段=10cm角

材料
合太程度のコットン糸　ネイビー…370g

用具
10号玉付き2本棒針
そのほかに、毛糸用とじ針、はさみ、メジャーなど

編み方
糸は2本どり。
1 一般的な作り目で67目作り目をする。編み方
記号図を参照し、ガーター編みで12段、模様編
み①、②、①´で365段往復に編む。続けてガー
ター編みで11段往復に編むが、10段めと11段め
は段の終わりでそれぞれ1目減らし目をする。
2 編み終わりはすべて表目の伏せ目をする。

製図
※すべて10号針

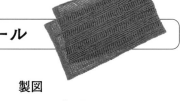

伏せ目
65目
4（11段）

ガーター編み（※10、11段で1目ずつ減らす。編み方記号図参照）

148

模様編み①′　模様編み②　模様編み①

140（365段）

6.5（10目）

32（48目）

6（9目）

ガーター編み

4（12段）

44.5（67目）作り目

54

編み方記号図

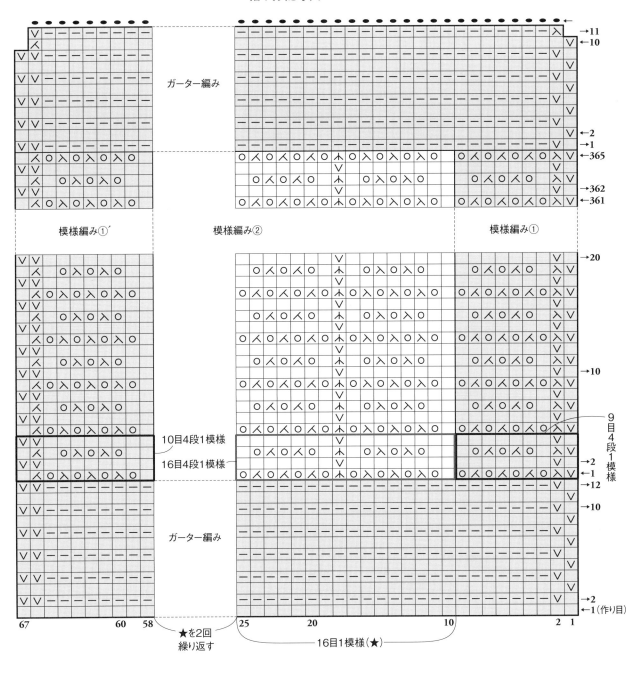

ガーター編み

模様編み①′　　　　　　模様編み②　　　　　　　模様編み①

→11
←10

←2
→1

←365

→362
←361

→20

→10

9目4段1模様

←2
←1

10目4段1模様

16目4段1模様

ガーター編み

→12

→10

→2
←1(作り目)

67　　　　　60　58　　　　　25　　　20　　　　　　10　　　　　　2　1

★を2回
繰り返す

16目1模様(★)

□ = |　表目

— 　裏目

Ｖ　すべり目
　　※裏側で編むときは
　　　糸を針の手前において
　　　すべり目の要領で目を
　　　そのまま右針に1目移す

入　右上2目一度
　　※裏側で編むときは
　　　裏目の右上2目一度(ㅿ)
　　　を編む

人　左上2目一度

Ｏ　かけ目

木　中上3目一度

●　表目の伏せ目

A　B

●出来上がり寸法
　頭回り54cm（54〜58cmに対応）
●ゲージ
　模様編み（10号針）
　1模様　20目＝9cm（7〜18段め）
　　　　　25段＝10cm

材料
極太程度のストレート糸
　A からし色…90g　**B** 茶色…90g

用具
7号80cm輪針（5本棒針でも可）
10号80cm輪針（5本棒針でも可）
7号5本棒針
そのほかに、なわ編み針、毛糸用とじ針、
はさみ、メジャーなど

編み方
糸は1本どり。輪針で編む場合は「マジックループの編み方」（86ページ参照）で、5本棒針で編む場合は針に目を均等に分けて輪にして編む。
1 本体を編む。7号針を使って、一般的な作り目で112目作り、輪にする。編み方記号図を参照し、ねじり1目ゴム編みを7号針で8段編む。針を10号にかえ、続けて模様

編みを増減しながら41段めまで編む。42段めから針を7号にかえ（目数が少なくなるので、ここからは5本棒針で編む）、減らし目をしながら模様編みを4段編む。
2 トップの飾りを編む。編み方記号図を参照し、針に残った16目を2段めと3段めで減らし目をして18段めまで輪に編む。残った4目に糸を通して絞り、糸始末をする。トップの飾りをひと結びする。

製図

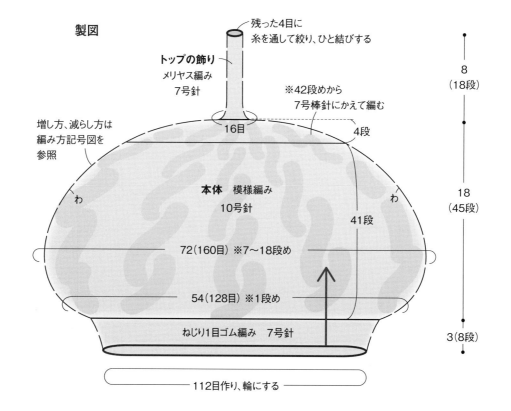

残った4目に
糸を通して絞り、ひと結びする

トップの飾り
メリヤス編み
7号針

※42段めから
7号棒針にかえて編む

16目　　　4段

増し方、減らし方は
編み方記号図を
参照

本体 模様編み
10号針

わ　　　わ

41段

72（160目）※7〜18段め

54（128目）※1段め

ねじり1目ゴム編み　7号針

112目作り、輪にする

8
（18段）

18
（45段）

3（8段）

編み方記号図

本体

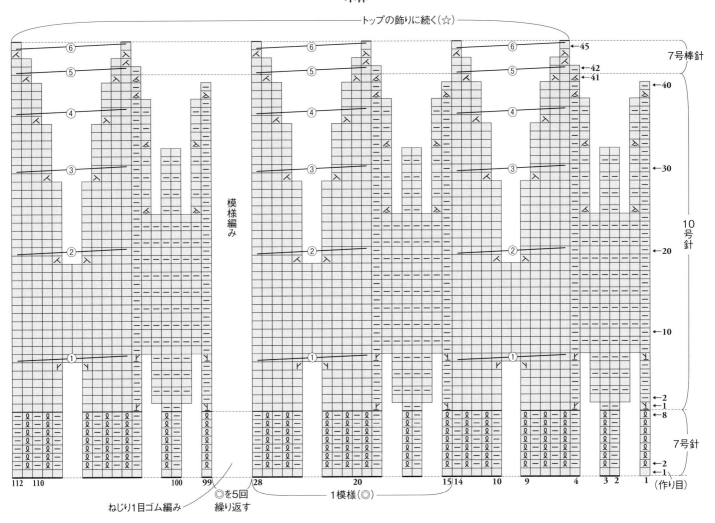

トップの飾りに続く(☆)

7号棒針

10号針

7号針

←45
←42
←41
←40
←30
←20
←10
←2
←1
←8
←2
←1

112 110　　100　99　28　　20　　15 14　10　9　　4　3 2 1 (作り目)

模様編み

ねじり1目ゴム編み

◎を5回
繰り返す

1模様(◎)

トップの飾り

※7号棒針

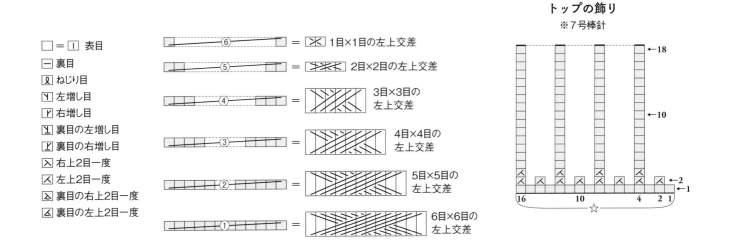

←18
←10
←2
←1

16　　10　　4　2 1

☆

□ = 1 表目
− 裏目
Ω ねじり目
Y 左増し目
Y 右増し目
Y 裏目の左増し目
Y 裏目の右増し目
入 右上2目一度
入 左上2目一度
入 裏目の右上2目一度
入 裏目の左上2目一度

⑥ = 1目×1目の左上交差

⑤ = 2目×2目の左上交差

④ = 3目×3目の左上交差

③ = 4目×4目の左上交差

② = 5目×5目の左上交差

① = 6目×6目の左上交差

A B

●出来上がり寸法
頭回り44cm（54〜58cmに対応）
丈22.5cm
●ゲージ
模様編み　24.5目×25段＝10cm角

材料
A 極太程度のストレート糸
山吹茶色…110g
B 極太程度のストレート糸
グレー…110g
0.5cm幅の革コード　茶色…12cm

用具（A・B共通）
8号40cm輪針（5本棒針でも可）
10号80cm輪針（5本棒針でも可）
7/0号かぎ針（Aのみ）
そのほかに、なわ編み針、毛糸用とじ針、
はさみ、メジャーなど

編み方
糸は1本どり。輪針で編む場合は「マジックループの編み方」（86ページ参照）で、5本棒針で編む場合は針に目を均等に分けて輪にして編む。
1 本体を編む。8号輪針を使って、一般的な作り目で108目作り、輪にする。本体の編み方記号図を参照して、かぶり口は2目ゴム編みを24段、側面は10号輪針で模様編みを51段輪に編む。側面は36段めからは減らし目をしながら編む。
2 トップ飾りを作る。「トップ飾りの作り方」を参照して、Aは7/0号かぎ針を使ってループを編み、編み始めと編み終わりの糸始末をする。Bは革コードに切り込みを

入れ、半分に折って、共糸を巻いて結ぶ。
3 仕上げる。本体を裏返し、「仕上げ方」を参照してトップ飾りを本体につける。Aはループを半分に折ってトップの穴に入れ、2.5cmほど表側に出す。本体の糸端をとじ針に通して50段めの目を1目おきに2周すくって穴を引き絞る。表にひびかないように、とじ針に通した糸端をとじ代とループに通して往復させ、縫い留める。Bは**2**で作った革コードを本体のトップの穴に入れ、2.5cmほど表側に出す。Aと同様にして穴を引き絞り、とじ針に通した糸端を、とじ代と革コードに巻いた共糸にくぐらせて飾りをぐるりと縫い留める。表に返し、かぶり口を折り上げる。

製図

本体

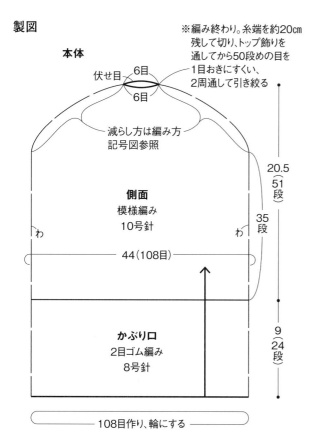

※編み終わり。糸端を約20cm残して切り、トップ飾りを通してから50段めの目を1目おきにすくい、2周通して引き絞る

伏せ目　6目
6目

減らし方は編み方記号図参照

側面
模様編み
10号針

わ　わ

20.5
（51段）

35段

44（108目）

かぶり口
2目ゴム編み
8号針

9（24段）

108目作り、輪にする

トップ飾りの作り方

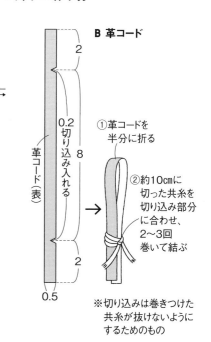

A ループ　7/0号かぎ針

編み終わり。糸端を約10cm残して切る

編み始め
10（鎖20目）作る

◯ 鎖編み
● 引き抜き編み

B 革コード

2

革コード（表）

0.2切り込み入れる

8

2

0.5

①革コードを半分に折る

②約10cmに切った共糸を切り込み部分に合わせ、2〜3回巻いて結ぶ

※切り込みは巻きつけた共糸が抜けないようにするためのもの

本体の編み方記号図

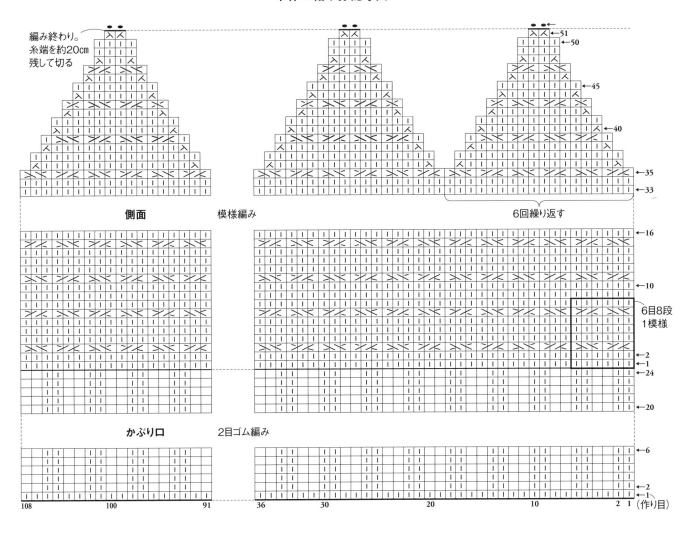

編み終わり。
糸端を約20cm
残して切る

←51
←50

←45

←40

←35
←33

側面　　　模様編み

6回繰り返す

←16

←10

6目8段
1模様

←2
←1
24

←20

かぶり口　　2目ゴム編み

←6

←2
←1

108　　　　100　　　　91

36　　　30　　　　20　　　　10　　　2　1　(作り目)

仕上げ方

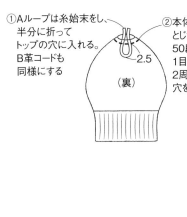

①Aループは糸始末をし、
半分に折って
トップの穴に入れる。
B革コードも
同様にする

②本体の糸端を
とじ針に通し、
50段めの目を
1目おきに
2周すくって
穴を引き絞る

2.5

(裏)

A

③とじ針をとじ代とループに
通して2〜3回往復させる

ループ

とじ代　　(裏)

絞った糸端

④本体を表に返し、
かぶり口を折り上げる

22.5

(表)

かぶり口　　7

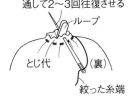

B

③とじ針を、革コードに巻いた
共糸ととじ代に通して
縫い留める

革コード
巻いた共糸
絞った
糸端
とじ代
(裏)

□Ｉ　表目

□＝□　裏目

⊼　右上2目一度

⊼　左上2目一度

1目×1目の右上交差

1目×1目の左上交差

2目×1目の
右上交差

2目×1目の
左上交差

● 表目の伏せ目

A B

●出来上がり寸法
　A 周囲21cm　丈25cm
　B 周囲21cm　丈21cm
●ゲージ
　模様編み　17目×29段＝10cm角

材料
極太程度のストレート糸
　A ベージュピンク…90g
　B 薄青…65g

用具
6号23cm輪針(5本棒針でも可)
そのほかに、毛糸用とじ針、はさみ、メジャーなど

編み方
糸は1本どり。
1 一般的な作り目で36目作り、輪にする。編み方記号図を参照し、手首側は、Aはガーター編みを5段、Bは2目ゴム編みを20段、輪に編む。

2 続けて模様編みをAは64段、Bは33段(編み方記号図の★の部分)輪に編む。途中、指定の位置で増し目をしながら親指をメリヤス編みで編み、親指の編み終わりは裏目の伏せ目をする(親指穴)。模様編みは続けて輪に最終段まで編む。
3 指先側は、Aはガーター編みを4段、Bは1段めで1目減らして32目にし、2目ゴム編みを5段編む(62ページの編み方記号図参照)。編み終わりは、Aは裏目の伏せ目、Bは前段の目に合わせて伏せ目をする。同じものをもう1枚作る。

製図
※すべて6号針で編む

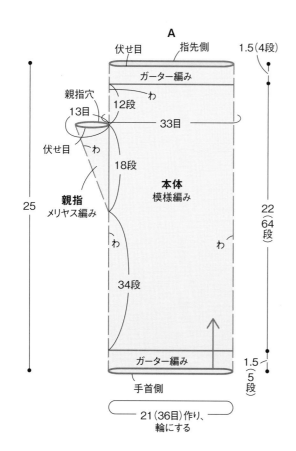

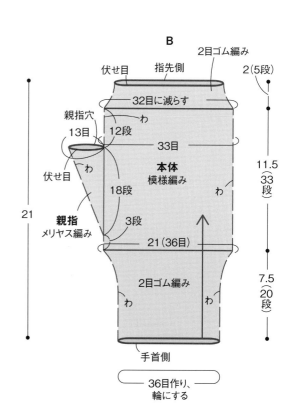

Aの編み方記号図

※（　）内はBの段数

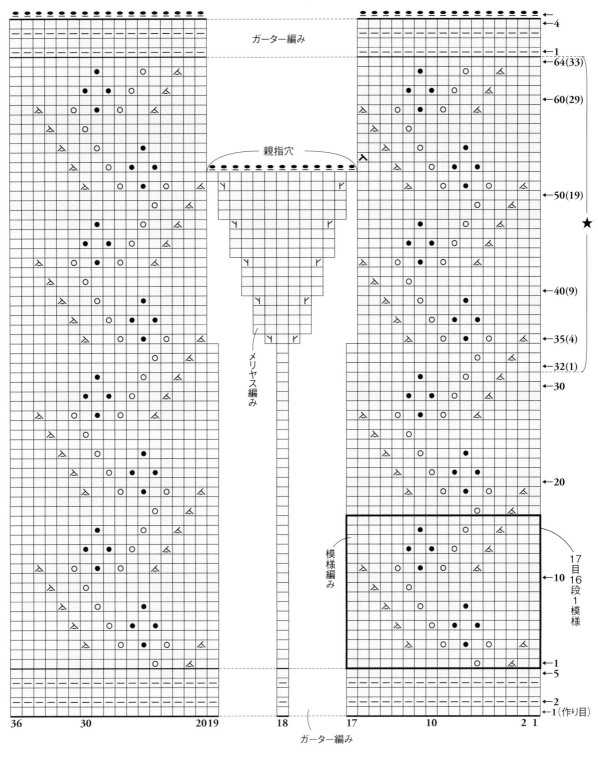

ガーター編み

親指穴

メリヤス編み

模様編み

ガーター編み

模様編み

17目16段1模様

←4
←1
←64(33)
←60(29)
←50(19)
★
←40(9)
←35(4)
←32(1)
←30
←20
←10
←1
←5
←2
←1（作り目）

36　　30　　2019　　18　　17　　10　　2 1

□ = | 表目
− 裏目
⊼ 裏目の左上2目一度
人 裏目の右上2目一度
○ かけ目

● = 3目の玉編み（64ページ参照）
Ｙ 右増し目
Ｙ 左増し目
● 表目の伏せ目
− 裏目の伏せ目

人 親指穴の伏せ目の1目めの頭2本の下に針を入れ、糸をかけて引き出し、針にかかった目と右上2目一度をする
※親指穴と本体の境目をきれいに仕上げるため

※Bの編み方記号図は62ページも参照　　61

Bの編み方記号図

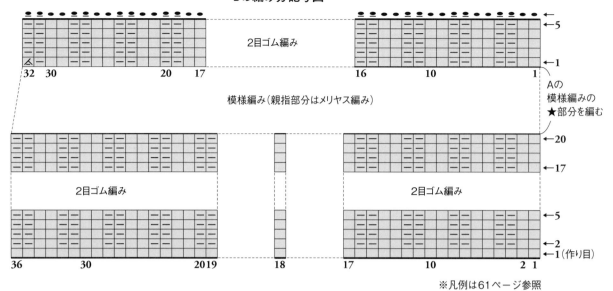

2目ゴム編み

模様編み（親指部分はメリヤス編み）

32 30 20 17 ← 5 ← 1

16 10 1 ← 5 ← 1

Aの模様編みの★部分を編む

← 20
← 17
← 5
← 2
← 1（作り目）

36 30 2019 18 17 10 2 1

2目ゴム編み

2目ゴム編み

※凡例は61ページ参照

09　作品14ページ　トレリス模様のレッグウォーマー

●出来上がり寸法
　周囲25cm　丈約38cm
●ゲージ
　模様編み
　29目×33.5段＝10cm角

材料
並太程度のストレート糸
れんが色…145g

用具
6号玉付き2本棒針
6号23cm輪針（5本棒針でも可）
そのほかに、毛糸用とじ針、なわ
編み針、はさみ、メジャーなど

編み方
糸は1本どり。
1 6号棒針を使い、一般的な作り目で72
目作る。編み方記号図を参照して2目ゴ
ム編みを往復に13段編む。
2 6号輪針にかえ、編み方記号図を参照
して模様編みを100段輪に編む。
3 **2**から続けて2目ゴム編みを30段輪
に編み、編み終わりは前段の目に合わせ
て伏せ目をする。
4 履き口側の2目ゴム編みを好みの位置
で外側に折り返す（作品写真は履き口から
7.5cm）。同じものをもう1枚作る。

製図

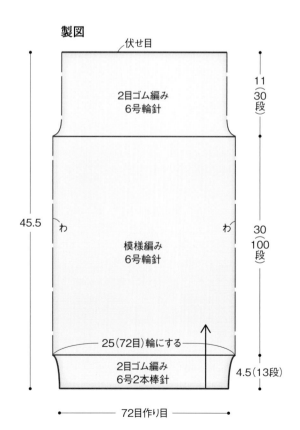

伏せ目

2目ゴム編み
6号輪針

11
(30段)

模様編み
6号輪針

45.5

わ

わ

30
(100段)

25(72目)輪にする

2目ゴム編み
6号2本棒針

4.5(13段)

72目作り目

編み方記号図

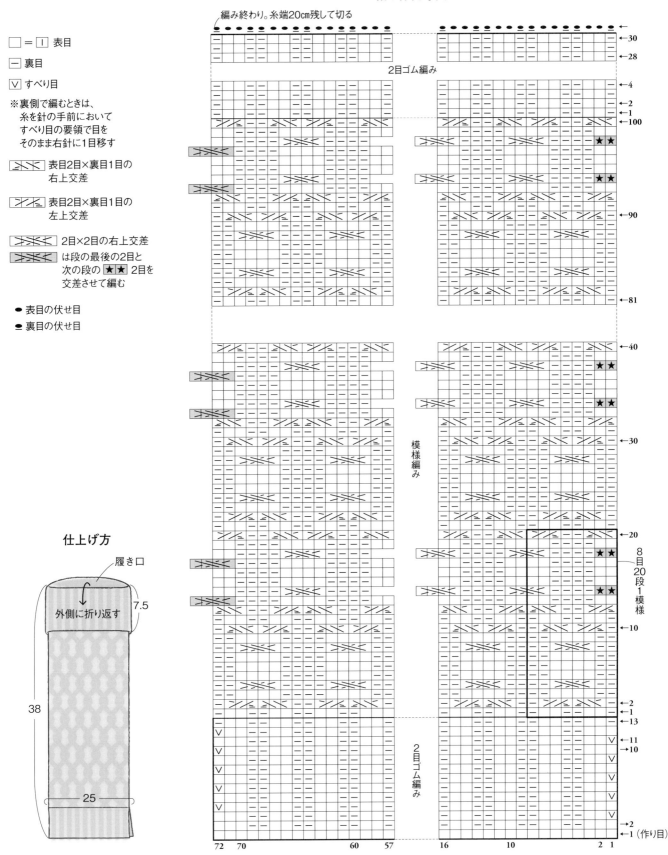

□ = Ⅰ 表目

― 裏目

Ⅴ すべり目

※裏側で編むときは、
糸を針の手前において
すべり目の要領で目を
そのまま右針に1目移す

表目2目×裏目1目の
右上交差

表目2目×裏目1目の
左上交差

2目×2目の右上交差

は段の最後の2目と
次の段の ★★ 2目を
交差させて編む

● 表目の伏せ目

● 裏目の伏せ目

仕上げ方

履き口

外側に折り返す

7.5

38

25

●出来上がり寸法
　周囲160㎝　丈32㎝
●ゲージ
　模様編み 15目×22.5段=10cm角

材料
極太程度のモヘア糸
　ペパーミントグリーン…170g

用具
12号120㎝輪針
そのほかに、直径2㎝のボタン4個、毛糸用とじ針、手縫い糸　ベージュ、手縫い針、はさみ、メジャーなど

編み方
糸は1本どり。
1 12号輪針を使い、一般的な作り目で240目作り、輪にする。編み方記号図を参照して1目ゴム編みを7段輪に編み、続けて模様編みを59段編む。
2 **1** に続けて、1目ゴム編みを7段編むが、編み方記号図を参照し、途中でかけ目と左上2目一度でボタン穴（4か所）をあけながら編む。編み終わりは表目の伏せ目をする。
3 ボタンをつける。ボタンつけ位置の表側4か所に手縫い糸でボタンを縫いつける。

ボタンを留めた後ろ姿。背中をすっぽり覆ってくれるので、軽いけれど暖かさもキープ。

製図　※すべて12号針

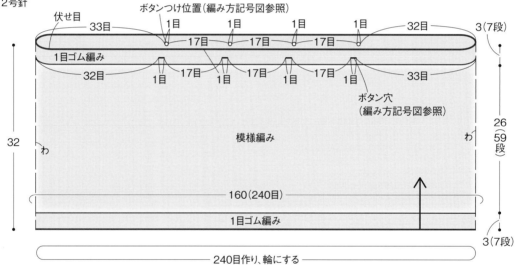

ボタンつけ位置（編み方記号図参照）
伏せ目
33目　1目　1目　1目　1目　32目　3（7段）
1目ゴム編み　17目　17目　17目
32目　1目　17目　1目　17目　1目　17目　1目　33目
ボタン穴（編み方記号図参照）
1目ゴム編み
模様編み　わ　わ　26（59段）
32　わ
160（240目）
1目ゴム編み　3（7段）
240目作り、輪にする

3目の玉編み ⦿= の編み方

表目　かけ目　表目

1 1段め。編み出し増し目（3目）を編む。表目、かけ目、表目で1目から3目編み出す。

（裏）裏目

2 2段め。編み地を裏返し、**1** で編み出した3目に裏目を編む。

中上3目一度

3 3段め。編み地を再び表に返し、中上3目一度を編む。3目の玉編みが出来た。

編み方記号図

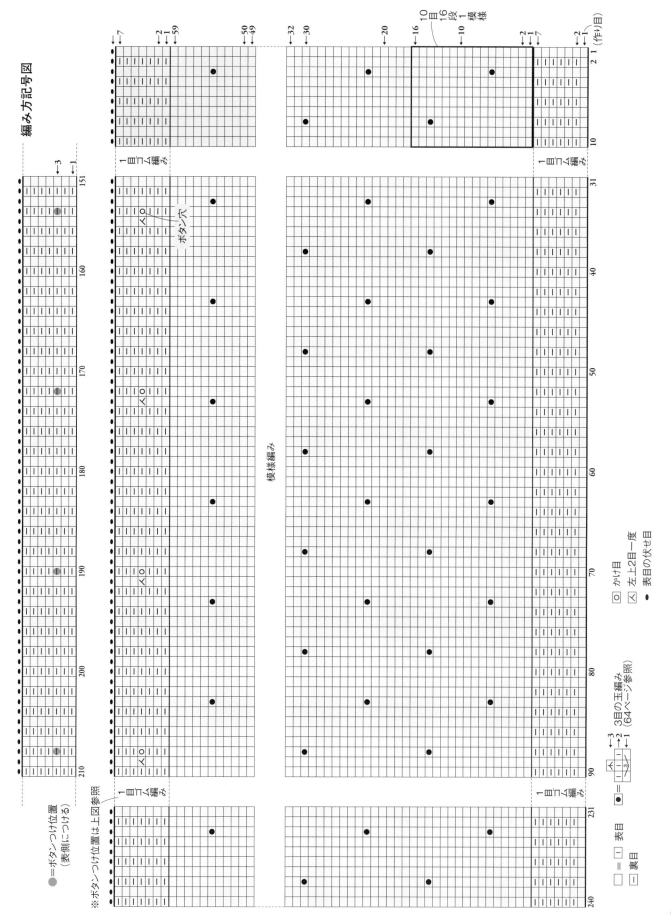

● = ボタンつけ位置
（表側につける）

※ボタンつけ位置は上図参照

□ = | = 表目
一 = 裏目

O = かけ目
人 = 左上2目一度
● = 表目の伏せ目

● = ▲ = 3目の玉編み
（64ページ参照）

ボタン穴

模様編み

1目ゴム編み

10目
16段 1模様

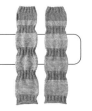

11 作品17ページ アームカバー

● 出来上がり寸法
　手のひら回り22cm　丈47.5cm
● ゲージ
　メリヤス編みのしま(7号針)
　21目=10cm　16段=5cm

材料
並太程度のストレート糸
　青緑…90g
並太程度のグラデーション糸
　イエロー系…35g

用具
5号23cm輪針(5本棒針でも可)
6号23cm輪針(5本棒針でも可)
7号23cm輪針(5本棒針でも可)
そのほかに、毛糸用とじ針、はさみ、メ
ジャーなど

編み方
糸は1本どり。指定の輪針と配色で指先側
から編む。

1 5号輪針を使って、一般的な作り目で52
目作り、輪にする。編み方記号図を参照し、
2目ゴム編みを8段編む。

2 針を6号輪針にかえ、メリヤス編みを8段
(16段めまで)輪に編む。17〜26段めは輪
針のまま往復に編み、親指穴をあける。26
段めは色をかえて編む。

3 27段め以降は、編み方記号図を参照し、
指定の位置で糸の色と針をかえながら輪に
編み、メリヤス編みのしまと2目ゴム編み、
メリヤス編みを最終段まで編む。各メリヤ
ス編みのしまは最後の段で5号針にかえる。

4 編み終わりは緩めに伏せ目をする。この
とき、右側の針を7号にすると、自然と緩
めに伏せ目をすることができ、目が整う。
同じものをもう1枚作る。

製図

伏せ目(右は7号針)

メリヤス編み　5号針	2(6段)
2目ゴム編み　5号針	2.5(8段)
メリヤス編みのしま　7号針	8.5(28段)
2目ゴム編み　5号針	2.5(8段)
メリヤス編みのしま　7号針	8.5(28段)
2目ゴム編み　5号針	2.5(8段)
メリヤス編みのしま　7号針	8.5(28段)
2目ゴム編み　5号針	2.5(8段)
メリヤス編み(26段めからはしま)6号針	7.5(28段)
2目ゴム編み　5号針	2.5(8段)

わ　わ

24.5(52目)

22(52目)

47.5(158段)

※往復に編む　親指穴　10段　8段

指先側

52目作り、輪にする

※各メリヤス編みのしまは最後の段(2目ゴム編みの1段手前)で
5号針にかえる

1段ごとの色のかえ方

1段ごとに色をかえてしまを編むときは糸
を切らずに編みますが、糸の交差のしかた
を写真のように一定にすると、色の切り替
えの目が引きつれることなく、きれいに整
います。

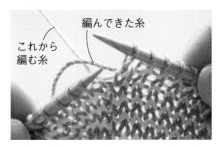

これから編む糸　編んできた糸

1 常に、編んできた糸をこれから編む糸の
手前にする。

(裏)

裏側に縦に渡る糸

2 1を繰り返して編むと、裏側に縦に渡る
糸がらせん状になる。

編み方記号図

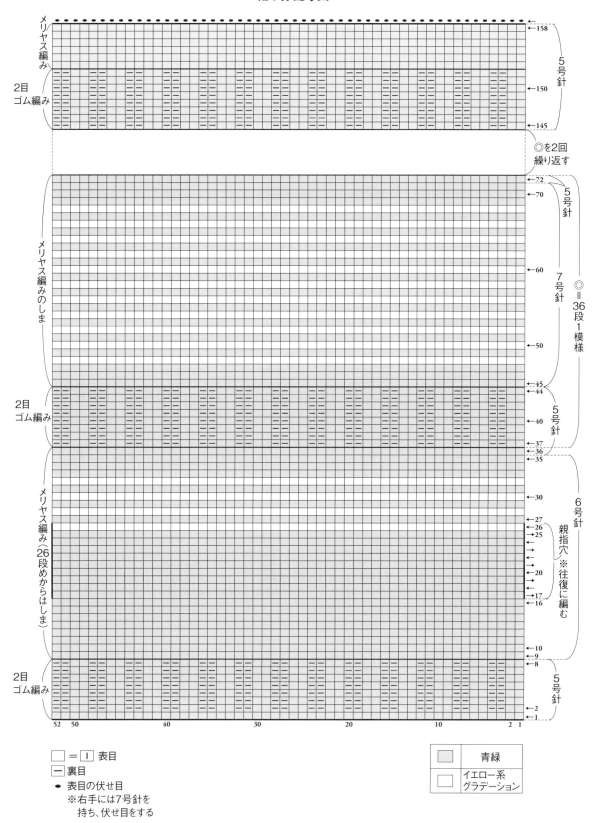

メリヤス編み

2目ゴム編み

←158
←150
←145

5号針

◎を2回繰り返す

メリヤス編みのしま

2目ゴム編み

←72
←70
←60
←50
←45
←44
←40
←37
←36
←35

5号針

7号針

5号針

◎＝36段1模様

メリヤス編み（26段めからはしま）

2目ゴム編み

←30
←27
←26
→25
←
→
←
←20
→
←17
→
←16
←10
→9
←8
←2
←1

6号針

親指穴 ※往復に編む

5号針

52 50　　　40　　　30　　　20　　　10　　2 1

□ ＝ □ 表目

□ 裏目

● 表目の伏せ目
　※右手には7号針を
　　持ち、伏せ目をする

青緑

イエロー系グラデーション

●出来上がり寸法
　幅15cm　丈149cm
●ゲージ
　メリヤス編み　24目＝10cm、18.5段＝5cm
　メリヤス編みの編み込み模様①②
　　24目×27段＝10cm角

材料
合太程度のストレート糸
　グレー…150g　オフホワイト…70g
　赤…20g

用具
5号30cm輪針（5本棒針でも可）
6号30cm輪針（5本棒針でも可）
そのほかに、なわ編み針、毛糸用とじ針、
はさみ、メジャーなど

編み方
糸は1本どり。指定の配色で編む。
1 一般的な作り目で72目作り、輪にする。
編み方記号図を参照し、模様編み、メリヤ
ス編みを5号針で編む。針を6号針にかえ、
メリヤス編みの編み込み模様①を編む。再
び針を5号針にかえてメリヤス編みを編み、
6号針にかえてメリヤス編みの編み込み模
様②を編む。
2 以降、製図と編み方記号図を参照して、
針をかえながら編む。編み終わりは前段の
目に合わせて伏せ目をする。
※この筒状のマフラーは、あとから裏返し
て糸始末をするのが難しいので、糸端はそ
のつどこまめに処理をしておくとよい。

製図

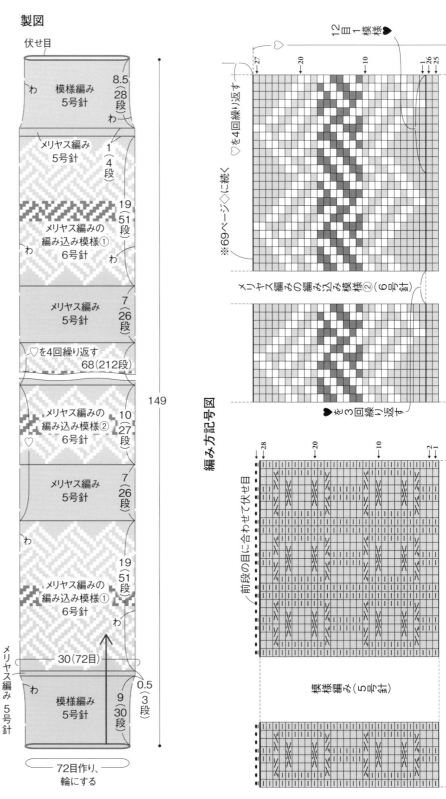

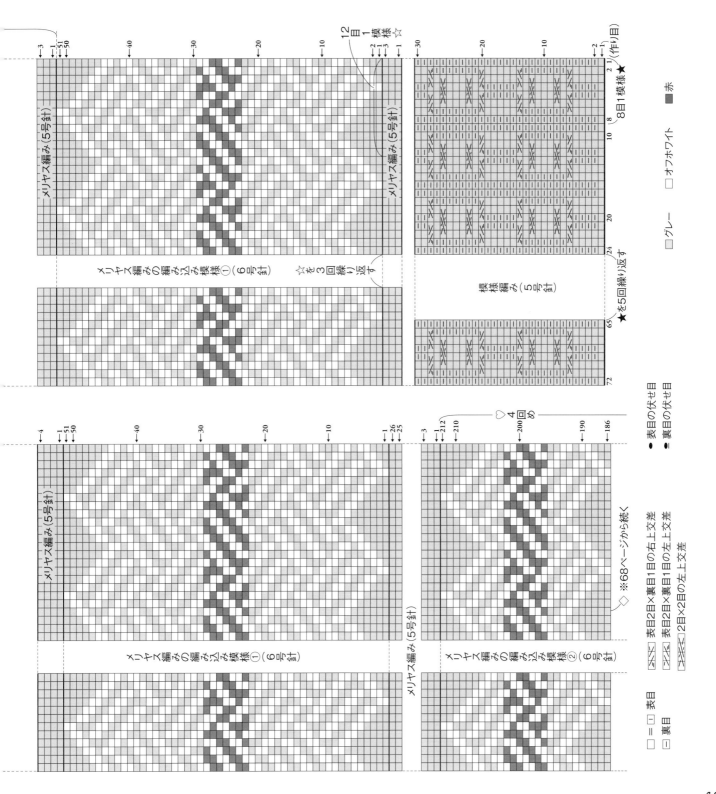

メリヤス編み（5号針）

メリヤス編みの編込み模様①（6号針）

☆を3回繰り返す

12目1模様☆

メリヤス編み（5号針）

模様編み（5号針）

★を5回繰り返す

8目1模様★

メリヤス編み（5号針）

メリヤス編みの編込み模様①（6号針）

メリヤス編み（5号針）

メリヤス編みの編込み模様②（6号針）

4回め

※68ページから続く

□＝□ 表目

□ 裏目

● 表目の伏せ目

■ 裏目の伏せ目

右上交差 表目2目×裏目1目の右上交差

左上交差 表目2目×裏目1目の左上交差

2目×2目の左上交差

■ グレー

□ オフホワイト

■ 赤

69

製図

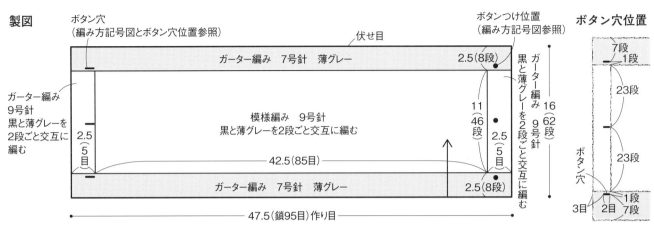

ボタン穴
（編み方記号図とボタン穴位置参照）

伏せ目

ボタンつけ位置
（編み方記号図参照）

ボタン穴位置

ガーター編み　7号針　薄グレー　2.5（8段）

ガーター編み
9号針
黒と薄グレーを
2段ごと交互に
編む

模様編み　9号針
黒と薄グレーを2段ごと交互に編む

ガーター編み　9号針　黒と薄グレーを2段ごと交互に編む

16（62段）

11（46段）

2.5（5目）

2.5（5目）

42.5（85目）

ガーター編み　7号針　薄グレー　2.5（8段）

47.5（鎖95目）作り目

7段　1段
23段
23段
ボタン穴
3目　2目　7段　1段

※6/0号かぎ針を使い、鎖95目を作る。7号輪針にかえて鎖の裏山に手前から針を入れ、表目を編むように
糸をかけて引き出す。これを1段めとする（「共鎖の作り目」参照）

編み方記号図

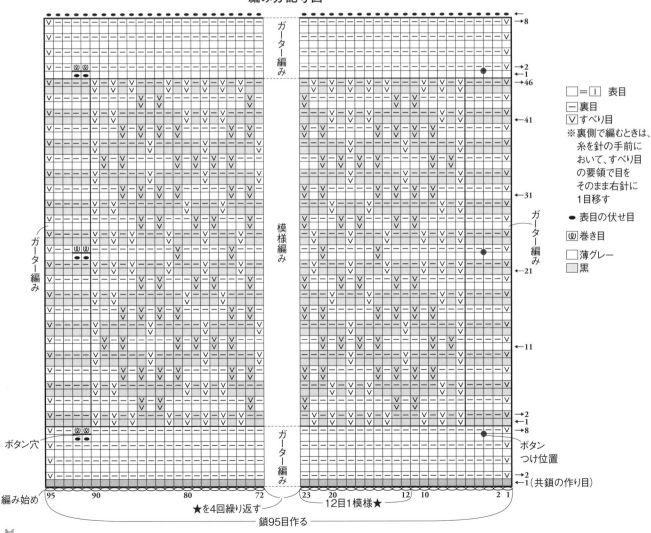

ガーター編み

ガーター編み

ボタン穴

編み始め

模様編み

ガーター編み

ガーター編み

ボタンつけ位置

★を4回繰り返す

12目1模様★

鎖95目作る

→8
→2
←1
→46
←41
←31
→21
←11
→2
←1
→8
←2
←1（共鎖の作り目）

□＝｜表目
－裏目
Ⅴすべり目
※裏側で編むときは、
糸を針の手前に
おいて、すべり目
の要領で目を
そのまま右針に
1目移す

● 表目の伏せ目

ⓦ巻き目

□薄グレー
■黒

●出来上がり寸法
幅47.5cm 丈16cm
●ゲージ
模様編み 20目×42段＝10cm角

材料
極太程度のストレート糸
　薄グレー…40g　黒…20g

用具
7号80cm輪針(玉付き2本棒針でも可)
9号80cm輪針(玉付き2本棒針でも可)
6/0号かぎ針(作り目用)
そのほかに、直径2cmのボタン3個、黒の手縫い糸、毛糸用とじ針、手縫い針、はさみ、メジャーなど

編み方
糸は1本どり。輪針は2本棒針と同じように使って、往復に編む。

1 6/0号かぎ針を使って、薄グレーの糸で鎖95目を作る。針を7号輪針にかえ、鎖の裏山に手前から針を入れて、表目を編むように糸をかけて引き出す(「共鎖の作り目」参照)。全部で94回引き出し、最初に針を通したループと合わせて95目針にかかった状態にする。これを1段めとする。ガーター編みを8段めまで往復に編むが、端は指定の位置ですべり目をする(「端のすべり目と糸の渡し方」参照)。左側の指定の位置にボタン穴をあける。

2 針を9号輪針、糸を黒にかえ、編み方記号図を参照し、ガーター編み(右)5目＋模様編み85目＋ガーター編み(左)5目を46段往復に編むが、糸は黒と薄グレーを2段ごとに交互にかえながら編む。ガーター編みの端は指定の位置ですべり目をし、左側にボタン穴をあける。端は「端のすべり目と糸の渡し方」を参照して編む。

3 針を7号輪針、糸を薄グレーにかえ、ガーター編みを8段往復に編むが、端は指定の位置ですべり目をし、左側にボタン穴をあける。続けて表目の伏せ目をする。

4 ボタンつけ位置3か所に手縫い糸でボタンを縫い留める。

共鎖の作り目

1 かぎ針で必要な目数(95目)作る。

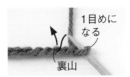

2 針を棒針にかえる(針にかかったループが1目めになる)。鎖編みの端から2つめの裏山に針を入れる。

3 針に糸をかけて引き出す。

4 2目めが編めたところ。

5 次の目以降も同様に繰り返して編む。

端のすべり目と糸の渡し方

※端の目のすべり目はすべて裏側で行う

[編み地の左側]

1 糸を手前におき、端の目を右針にそのまますべらせる。

2 糸を針の向こう側におき、左針にかかった1目に矢印のように右針を入れ、表目を編む。

3 端のすべり目と表目1目が編めた。

[編み地の右側]

1 ガーター編みを端の1目手前まで編む。向こうにあった糸を針の手前におく。

2 端の目を右針にそのまますべらせる。

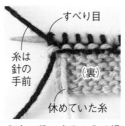

3 次の段で糸をかえる場合も**1**、**2**と同様に端の目の1目手前まで編んだら、糸を針の手前におき、すべり目をする。

4 編み地を表に返し、1目めに矢印のように右針を入れ、編んできた糸の上側から、休めていた糸を針にかけて引き出す。

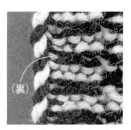

5 端の糸2色が規則的に縦に渡った状態。端の目がきれいに仕上がる。

A　**B**

●出来上がり寸法
ポットカバー（ポンポンは除く）
　周囲38cm　丈16cm
コースター　11cm角
●ゲージ
ポットカバー
　模様編みA、A′
　16目＝6cm、28段＝10cm
　模様編みB
　16目＝7cm、28段＝10cm
コースター
　ガーター編み
　11目＝5cm、27段＝10cm

材料
並太程度のツイード糸
ポットカバー
　Aブルー系…55g
　Bベージュ系…55g
コースター（2枚分）
　Aブルー系…20g
　Bベージュ系…20g

用具
6号5本棒針
8号5本棒針
そのほかに、なわ編み針、毛糸用とじ針、
はさみ、メジャー、厚紙など

編み方　糸は1本どり。
ポットカバー
1 本体を編む。6号針を使って、一般的な
作り目で92目を作り目し、針に目を均等に
分けて輪にする。ポットカバーの編み方記
号図を参照して、1目ゴム編みを4段めまで
編む。続けて8号針で模様編みを編む。模
様編みは「ポットカバーの模様編みの編み
方順序」を参照し、①～④の順に編む。最
終段の残った目に糸を通して引き絞る。
2 仕上げる。「ポンポンの作り方」を参照し
てポンポンを作る。ポンポンを結んだ共糸
の糸端をとじ針に通し、「ポットカバーの仕
上げ方」を参照してポンポンを留めつける。
コースター
8号針を使って、一般的な作り目で25目を
作り目し、コースターの編み方記号図を参
照し、なわ編みa・a′とガーター編みで往復
に30段編み、伏せ目をする。

製図　**ポットカバー**
※模様編みは①～④の順に編む

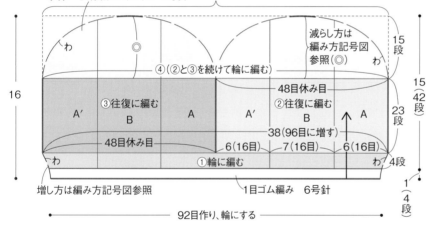

コースター
※8号5本棒針のうちの2本を使う

＊ ポットの大きさについて＊
今回使用したポットは2人分用（容量
600㎖）のもので、寸法は幅約12cm、
周囲約36.5cm、高さ13cm（注ぎ口、持
ち手を除く）になります。お手元のポッ
トのサイズが大きい場合は糸をより太
いものにしたり、なわ編みを追加する
などして調節してください。小さい場
合は、糸を少し細いものにしたり、一
部のなわ編みを半分にするなどして調
節してもよいでしょう

ポットカバーの模様編みの編み方順序
①指定の位置で増し目をし、4段輪に編む。
②5段めは48目めまで編み、49目め以降
は休ませて編み地を返し、6段めを編む。
以降27段めまでは5本針のうちの2本を使
い、1～48目めを往復に編む。27段めまで
編んだら糸を切り、1～48目を休ませる。
③休ませていた5段めの49目めに新しい糸
をつけ、②と同様に27段めまで往復に編む。
④28段め以降は②と③の目を続けて輪に
し、指定の位置で減らし目をしながら編む。

**ポットカバーの
仕上げ方**

本体の中心と
ポンポンを5回
ほど往復させて
留めつけ、本体
の裏側で
糸始末をする

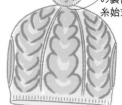

ポットカバーの編み方記号図

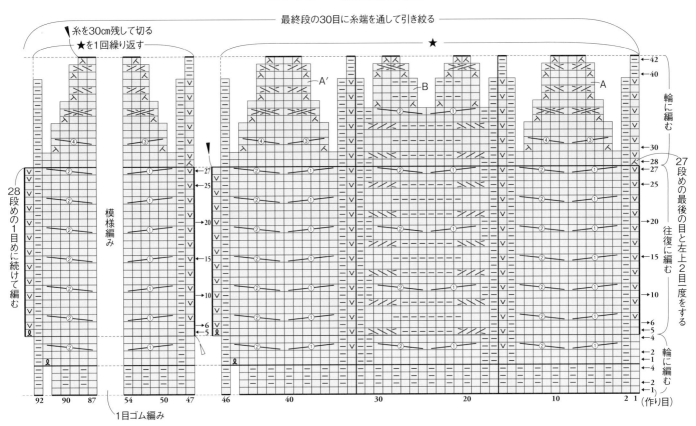

最終段の30目に糸端を通して引き絞る

★

糸を30cm残して切る
★を1回繰り返す

A' B A

42
40
30
28
27
25
20
15
10
6
5
4
2
1

輪に編む

27段めの最後の目と左上2目一度をする

往復に編む

輪に編む

28段めの1目めに続けて編む

模様編み

92 90 87 54 50 47 46 40 30 20 10 2 1 (作り目)

1目ゴム編み

コースターの編み方記号図

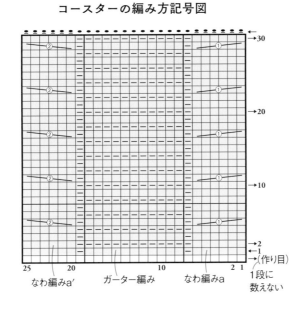

ポンポンの作り方

100回巻く

8

厚紙

共糸（40cm）で
中央を結び、
厚紙を外して
輪を切る

周りを切り
そろえ、形を
整える

30
20
10
2
1
(作り目)

25 20 10 2 1

1段に
数えない

なわ編み a' ガーター編み なわ編み a

□ = Ⅰ 表目
─ 裏目
Ⅴ すべり目
※裏側で編む
ときは、糸を針の
手前において
すべり目の要領で
目をそのまま
右針に1目移す

Ω ねじり増し目
左上2目一度
右上2目一度
● 表目の伏せ目
● 裏目の伏せ目
▽ = 糸をつける
▼ = 糸を切る

2目×2目の左上交差
2目×2目の右上交差
2目×1目の左上交差
2目×1目の右上交差
3目×1目の左上交差
3目×1目の右上交差

① = 3目×3目の
左上交差
② = 3目×3目の
右上交差
③ = 3目×2目の
左上交差
④ = 3目×2目の
右上交差

17 作品26ページ **ブルーのマルシェバッグ**

18 作品27ページ **ワンハンドルのマルシェバッグ**

● 出来上がり寸法（持ち手を除く）
入れ口の周囲82.6cm　底の直径15cm
深さ22cm

● ゲージ　模様編み
1模様（1〜8段め）＝3.5cm
16段＝10cm

材料
17 極太程度のジュート糸
　　　ブルー…330g
18 極太程度のジュート糸　淡グレー
　　　…280g　ライムイエロー…60g

用具
8/0号かぎ針
そのほかに、毛糸用とじ針、はさみ、メジャーなど

編み方
糸は1本どり。**17**はブルー、**18**は配色表を参照し、淡グレーとライムイエローで編む。

1 底を編む。糸輪の編み始めで細編みを7目編み入れ、増し目をしながら10段編む。

2 続けて側面を、1段ごとに輪につなぎながら往復に編む。1段めを編んだら、2段めは裏側を手前にして持ち、ぐるりと模様編みを1段編む。3段めは再び表側を手前にして持ち、ぐるりと1段編む。これを繰り返して途中9段め、19段め、29段めで増し目をしながら35段めまで編む。

3 持ち手を編む。製図と編み方記号図を参照し、**17**は2枚、**18**は1枚編む。「持ち手の仕上げ方」を参照し、持ち手の3辺に引き抜き編みを編む。

4 「仕上げ方」を参照し、本体に持ち手をつける。

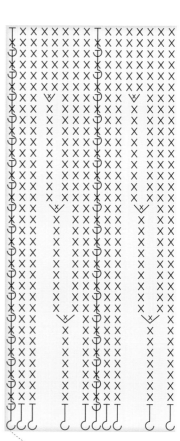

製図

本体　**17・18**

82.6（112目）

側面　模様編み

47.6（70目）

22（35段）

底　細編み

70目

7.5（10段）

わ　　わ

持ち手
17 2枚　　**18** 1枚

33（44段）

細編み

3（3目）　　4（4目）

仕上げ方

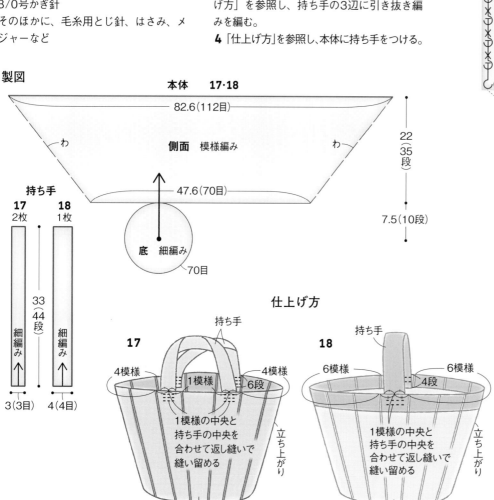

17

持ち手

4模様　　1模様　　4模様

6段　　6模様

1模様の中央と持ち手の中央を合わせて返し縫いで縫い留める

立ち上がり

本体

18

持ち手

6模様　　6模様

4段

1模様の中央と持ち手の中央を合わせて返し縫いで縫い留める

立ち上がり

本体

目数表

	段	目数	増し目数
側面	30〜35	112目	
	29	112目	＋14目
	20〜28	98目	
	19	98目	＋14目
	10〜18	84目	
	9	84目	＋14目
	1〜8	70目	
底	10	70目	＋7目
	9	63目	＋7目
	8	56目	＋7目
	7	49目	＋7目
	6	42目	＋7目
	5	35目	＋7目
	4	28目	＋7目
	3	21目	＋7目
	2	14目	＋7目
	1	7目	
	編み始め	糸輪	

本体の編み方記号図

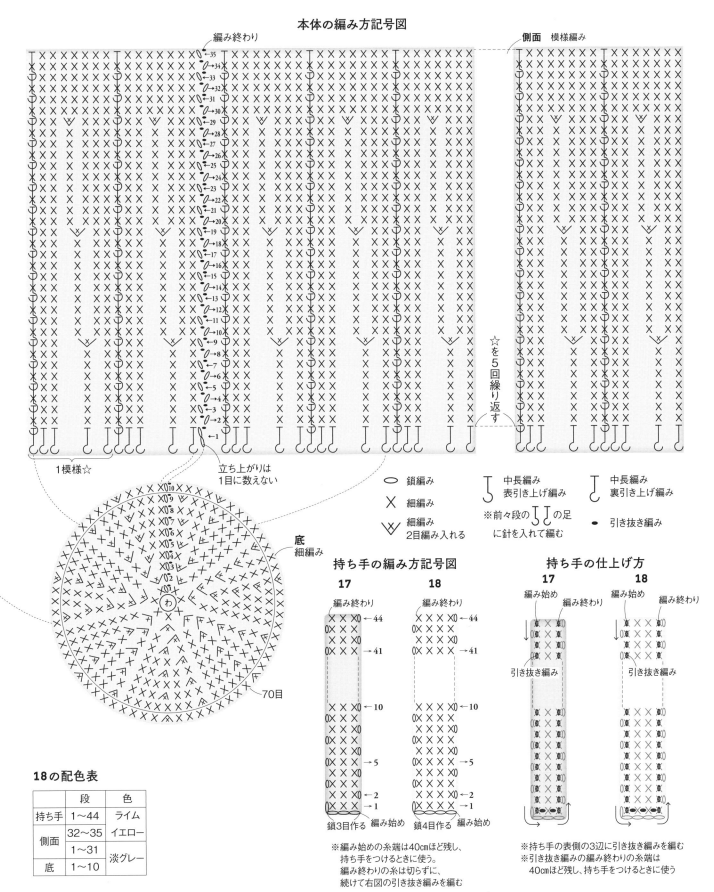

側面　模様編み

編み終わり

☆を5回繰り返す

1模様☆

立ち上がりは
1目に数えない

底　細編み

70目

◯	鎖編み	
✕	細編み	
⋎	細編み 2目編み入れる	

中長編み 表引き上げ編み		中長編み 裏引き上げ編み
※前々段の足に針を入れて編む		• 引き抜き編み

持ち手の編み方記号図

17

編み終わり
←44
→41
←10
→5
←2
→1
鎖3目作る
編み始め

18

編み終わり
←44
→41
←10
→5
←2
→1
鎖4目作る
編み始め

持ち手の仕上げ方

17

編み始め　編み終わり

引き抜き編み

18

編み始め　編み終わり

引き抜き編み

※編み始めの糸端は40cmほど残し、
持ち手をつけるときに使う。
編み終わりの糸は切らずに、
続けて右図の引き抜き編みを編む

※持ち手の表側の3辺に引き抜き編みを編む
※引き抜き編みの編み終わりの糸端は
40cmほど残し、持ち手をつけるときに使う

18の配色表

	段	色
持ち手	1〜44	ライム
側面	32〜35	イエロー
	1〜31	淡グレー
底	1〜10	

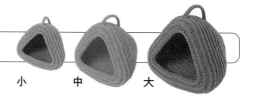

小　中　大

●出来上がり寸法
幅　小約22.5cm　中約30cm　大約40cm
奥行き　小約19.5cm　中約28cm
　　　大約37.5cm
高さ（持ち手は除く）　小約19cm
　　　中約26cm　大約35cm

●ゲージ
模様編み
小　16目×14.5段=10cm角
中　12目×10段=10cm角
大　9目×7.5段=10cm角

材料
極太程度のアクリル糸
小　からし色…150g
中　サーモンピンク…420g
大　青…870g

用具
小　7/0号かぎ針
中　10/0号かぎ針
大　10mmかぎ針
そのほかに、毛糸用とじ針、はさみ、メジャーなど

編み方
糸は、小は1本どり、中は2本どり、大は3本どりで編む。

1 後ろ面を編む。糸輪の編み始めで細編みを7目編み入れ、編み方記号図を参照して増し目をしながら5段めまで編む。1枚めはここで編み終わり、糸始末をする。新たに後ろ面2枚めを編む。1枚めと同様に5段めまで編む。

2 後ろ面2枚めは続けて側面を編む。1枚めの後ろ面の上に2枚めの後ろ面を重ね、2枚めの側面1段めは重ねた後ろ面2枚の目にかぎ針を入れて2枚一緒に編む。続けて2段め以降を、編み方記号図を参照して、増減しながら32段めまで編む。

3 持ち手をつける。編み方記号図を参照して持ち手を編み、編み始めと編み終わりの糸端を使って、側面の12段めと28段めに縫い留める。

MEMO

キャットハウス大の補強のしかた

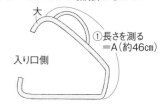

大

入り口側

①長さを測る
=A（約46cm）

②PPシート（1〜1.5mm厚さ）をカットする

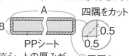

A
8
PPシート

四隅をカット
0.5
0.5

③周囲をマスキングテープでくるむ

※シートの厚みが足りない場合は同じものを2枚重ねる

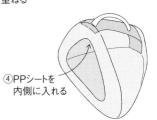

④PPシートを内側に入れる

キャットハウス大は、糸の重さで形が変形しやすいので、内側から補強するのがおすすめ。PP（ポリプロピレン）シートを細長くカットして内側に入れておくのが手軽で簡単です。

製図
小は7/0号かぎ針、中は10/0号かぎ針、大は10mmかぎ針
※持ち手つけ位置は77ページ写真参照

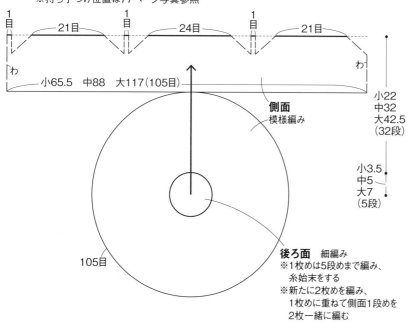

1目　21目　1目　24目　1目　21目

わ　わ

小65.5　中88　大117（105目）

側面
模様編み

小22
中32
大42.5
（32段）

小3.5
中5
大7
（5段）

105目

後ろ面　細編み
※1枚めは5段めまで編み、糸始末をする
※新たに2枚めを編み、1枚めに重ねて側面1段めを2枚一緒に編む

仕上げ方と出来上がり寸法

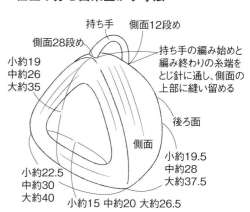

持ち手　側面12段め
側面28段め

小約19
中約26
大約35

持ち手の編み始めと編み終わりの糸端をとじ針に通し、側面の上部に縫い留める

後ろ面

側面

小約19.5
中約28
大約37.5

小約22.5
中約30
大約40

小約15　中約20　大約26.5

本体の編み方記号図 ※小・中・大共通

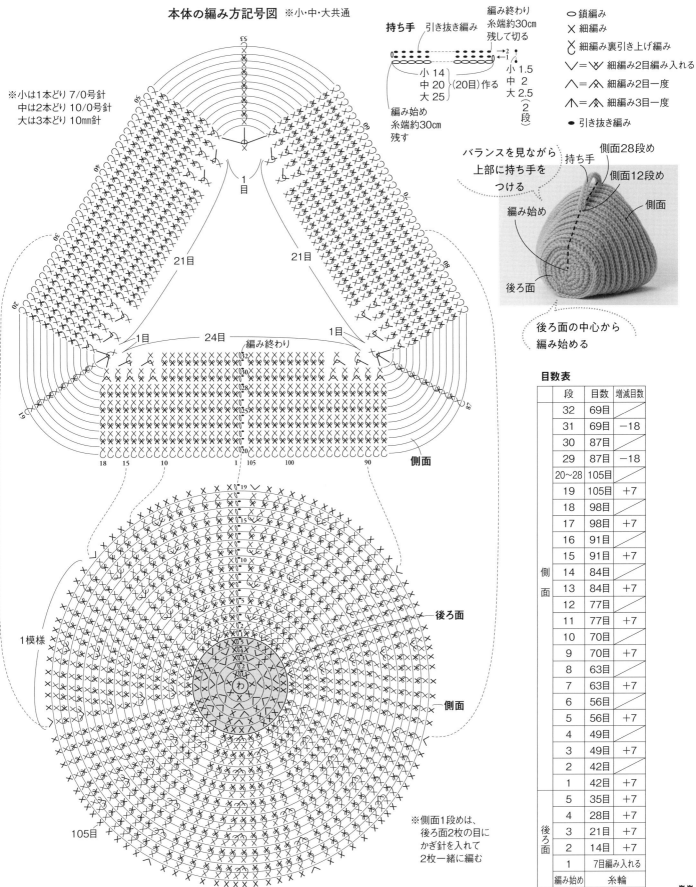

※小は1本どり 7/0号針
　中は2本どり 10/0号針
　大は3本どり 10mm針

持ち手　引き抜き編み　編み終わり
　　　　　　　　　　糸端約30㎝
　　　　　　　　　　残して切る

小 14
中 20　（20目）作る
大 25

編み始め
糸端約30㎝
残す

→2
←1
小 1.5
中 2
大 2.5（2段）

○ 鎖編み
× 細編み
╳ 細編み裏引き上げ編み
∨=∨ 細編み2目編み入れる
∧=∧ 細編み2目一度
∧=∧ 細編み3目一度
● 引き抜き編み

バランスを見ながら
上部に持ち手を
つける

持ち手
側面28段め
側面12段め
側面
編み始め
後ろ面

後ろ面の中心から
編み始める

1目
21目
21目
1目
24目
1目
編み終わり
側面

※側面1段めは、
後ろ面2枚の目に
かぎ針を入れて
2枚一緒に編む

後ろ面
側面
1模様
105目

目数表

	段	目数	増減目数
	32	69目	
	31	69目	−18
	30	87目	
	29	87目	−18
	20〜28	105目	
	19	105目	+7
	18	98目	
	17	98目	+7
	16	91目	
	15	91目	+7
側	14	84目	
面	13	84目	+7
	12	77目	
	11	77目	+7
	10	70目	
	9	70目	+7
	8	63目	
	7	63目	+7
	6	56目	
	5	56目	+7
	4	49目	
	3	49目	+7
	2	42目	
	1	42目	+7
	5	35目	+7
	4	28目	+7
後	3	21目	+7
ろ	2	14目	+7
面	1	7目編み入れる	
	編み始め	糸輪	

77

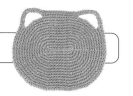

●出来上がり寸法
　横52cm　縦40cm
●ゲージ
　細編み　7.3目×7.3段＝10cm角

材料
太さ3.0mmの麻コード
　生成り…640g

用具
8mmかぎ針
そのほかに、毛糸用とじ針、はさみ、
メジャーなど

編み方
糸は1本どり。
鎖9目を作り目し、編み方記号図
と目数表を参照し、増し目をしな
がら細編みを12段編む。13段め
は指定の位置2か所で鎖14目を作
りながら細編みを編み、14段め
は13段めの鎖目の表の糸2本をす
くって細編みを編む(裏山を残す)。
最終段は引き抜き編みを編み、
編み終わりはチェーンつなぎ(83
ページ参照)をする。

製図

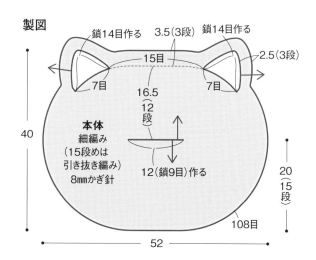

鎖14目作る　3.5(3段)　鎖14目作る
15目
7目　　　7目
16.5(12段)
2.5(3段)
40
本体
細編み
(15段めは
引き抜き編み)
8mmかぎ針
12(鎖9目)作る
108目
20(15段)
52

編み方記号図

鎖目の表の糸2本をすくって細編みを編む(裏山を残す)

鎖14目　　　　　鎖14目

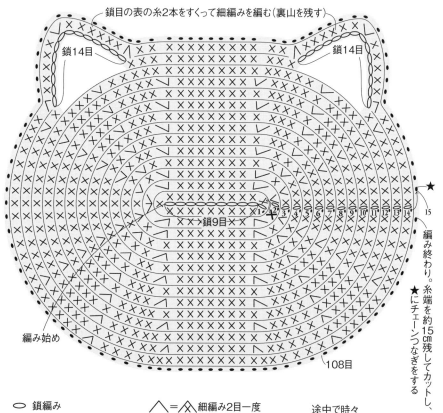

編み始め

鎖9目

108目

★編み終わり。
糸端を約15cm残してカットし、
★にチェーンつなぎをする

15

途中で時々
矢印の方向に編み地を
引っ張って形を整える

⌒ 鎖編み

✕ 細編み

∨=細編み2目
編み入れる

∧=細編み2目一度

● 引き抜き編み

✕ の細編み(2段め)は
前段の最初の細編みの
頭に編む

目数表

段	目数	増し目数
15	108目	増減なし
14	108目	
13	108目	＋20目
12	88目	＋4目
11	84目	＋8目
10	76目	＋4目
9	72目	＋8目
8	64目	＋4目
7	60目	＋8目
6	52目	＋4目
5	48目	＋8目
4	40目	＋4目
3	36目	＋8目
2	28目	＋8目
1	20目	
作り目	鎖9目	

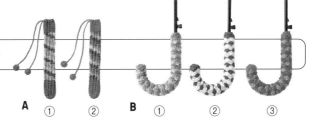

A ① ② B ① ② ③

●出来上がり寸法
　A　口幅3.6cm　丈23.5cm
　B　口幅3.3cm　丈25cm

●ゲージ
　A　模様編み　3目(1模様)＝0.9cm
　　　　17.5段＝10cm
　B　模様編みのしま　6目(1模様)＝1.65cm
　　　　19段＝10cm

材料
20番程度のレース糸
A
①青緑…10g　水色系の段染め…10g
②オレンジ色…10g
　オレンジ色系の段染め…10g
B
①灰緑・薄ベージュ・グレー…各7g
②青・黄色・生成り…各7g
③濃ピンク・みかん色・赤…各7g
そのほかに、丸ゴム　太さ2mm　白…10cm

用具
2/0号かぎ針
そのほかに、毛糸用とじ針(細番手用)、はさみ、
メジャーなど

＊カバーのサイズについて＊
今回の作品は、持ち手の周囲が約6.6
cm、長さが外側約26cm、内側約19.5
cmサイズの傘の持ち手に合わせて作り
ました。傘の持ち手が太い場合は少し
太めの糸を選ぶなどで調節を。細い持
ち手については、Aは1模様分の目数を
減らすことで多少の調節が可能になり
ます。Bはかぎ針を細めにして、少し
きつく編むとやや細めに仕上がります。
いろいろ試してみてください。長さに
ついては、途中で持ち手に取りつけな
がら、調節しましょう

編み方
糸は1本どり。それぞれ指定の配色で編む。
A
1 先端を編む。糸輪の編み始めで立ち
上がりの鎖3目と長編みを15目編み入れ
る。80ページの編み方記号図を参照し、
2段めは増し目をしながら長編みを編む。
2 側面を輪に編む。編み方記号図を参
照し、先端から続けて模様編みで8段め
まで編み、9段めからは色をかえて32段
めまで編む。33段めから再び色をかえ、
38段めまで編む。
3 編み方記号図を参照して、ひもとひも
先の飾りを編む。
4 80ページの「仕上げ方」と「ひも先
の飾りのつけ方」を参照して、本体にひ
もを通し、両端にひも先の飾りをつける。

B
1 81ページの編み方記号図を参照し、A
と同じ要領で先端を編み、続けて側面は
模様編みのしまを輪に編む。指定の配色
で毎段色をかえながら(糸は切らずに裏側
に渡す)、43段めまで増減なく編む。
2 続けて縁編みを2段編むが、2段めは
81ページの「丸ゴムの輪の作り方」「丸ゴ
ムの輪の編みくるみ方」を参照して編む。

製図

A

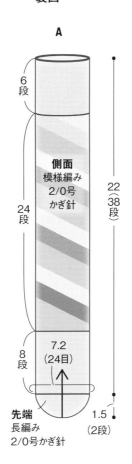

6段

側面
模様編み
2/0号
かぎ針

24段

22
(38
段)

8段

7.2
(24目)

先端
長編み
2/0号かぎ針

1.5
(2段)

B

縁編み　2/0号針

1
(2段)

側面
模様編み
のしま
2/0号
かぎ針

22.5
(43
段)

6.6
(24目)

先端
長編み
2/0号かぎ針

1.5
(2段)

Aの編み方記号図

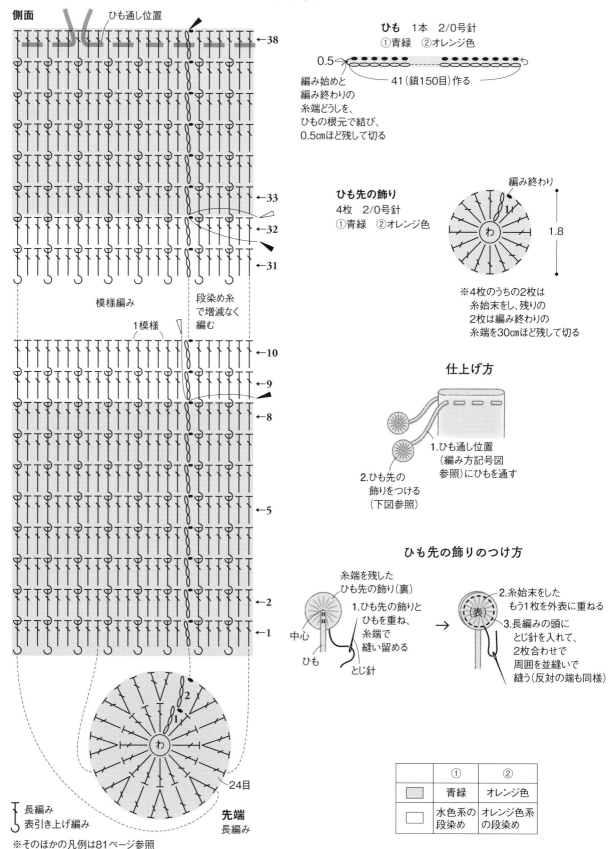

側面

ひも通し位置

←38

←33
←32
←31

模様編み

1模様

段染め糸で増減なく編む

←10
←9
←8

←5

←2
←1

24目

先端
長編み

┬ 長編み
⎰ 表引き上げ編み

※そのほかの凡例は81ページ参照

ひも 1本 2/0号針
①青緑 ②オレンジ色

0.5

41（鎖150目）作る

編み始めと
編み終わりの
糸端どうしを、
ひもの根元で結び、
0.5cmほど残して切る

ひも先の飾り
4枚 2/0号針
①青緑 ②オレンジ色

編み終わり

1.8

わ

※4枚のうちの2枚は
糸始末をし、残りの
2枚は編み終わりの
糸端を30cmほど残して切る

仕上げ方

1.ひも通し位置
（編み方記号図
参照）にひもを通す

2.ひも先の
飾りをつける
（下図参照）

ひも先の飾りのつけ方

糸端を残した
ひも先の飾り（裏）

中心

ひも

1.ひも先の飾りと
ひもを重ね、
糸端で
縫い留める

とじ針

→

表

2.糸始末をした
もう1枚を外表に重ねる

3.長編みの頭に
とじ針を入れて、
2枚合わせで
周囲を並縫いで
縫う（反対の端も同様）

	①	②
（青緑地）	青緑	オレンジ色
（白地）	水色系の段染め	オレンジ色系の段染め

Bの編み方記号図

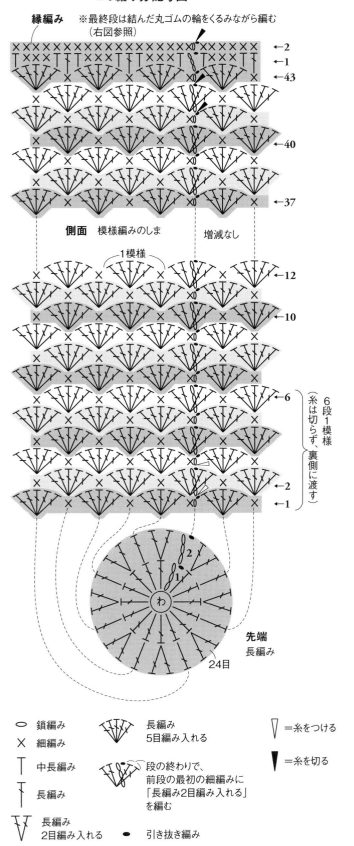

縁編み ※最終段は結んだ丸ゴムの輪をくるみながら編む（右図参照）

←2
←1
←43

←40

←37

側面 模様編みのしま　　　増減なし

1模様

←12

←10

←6

6段1模様（糸は切らず、裏側に渡す）

←2
←1

先端
長編み
24目

わ

丸ゴムの輪の作り方

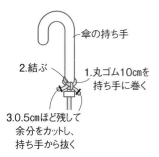

傘の持ち手

2.結ぶ
1.丸ゴム10cmを持ち手に巻く

3.0.5cmほど残して余分をカットし、持ち手から抜く

丸ゴムの輪の編みくるみ方

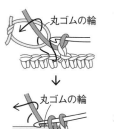

丸ゴムの輪

1.細編みの立ち上がりの鎖1目を編み、前段の目の頭に針を入れる。結んだ丸ゴムの中に矢印のように針を入れ、糸をかけて引き出す

丸ゴムの輪

2.矢印のように針に糸をかけ、針にかかった2つのループを一度に引き抜く

丸ゴムの輪

3.丸ゴムを細編みで編みくるんだところ。同様に続けて1周編みくるむ

※前段の目は作品の実際の編み地とは異なる

凡例:

○	鎖編み
×	細編み
T	中長編み
↑	長編み
W	長編み2目編み入れる
∨	長編み5目編み入れる
	段の終わりで、前段の最初の細編みに「長編み2目編み入れる」を編む
●	引き抜き編み
▽ =糸をつける
▼ =糸を切る

	①	②	③
（灰緑）	灰緑	青	濃ピンク
（薄ベージュ）	薄ベージュ	黄色	みかん色
（グレー）	グレー	生成り	赤

編み目記号の編み方

この本で使用している編み方です。
編み入れる位置は各作品に準じて編んでください。

［かぎ針編み］

ⓦ 糸輪の編み始め

1

2
輪を押さえて持つ

3
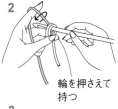
立ち上がりの鎖を1目編む

4

細編みを編み入れる

5

糸端を少し引いて動いたほうの輪を引き、輪を縮める

6

糸端を引いて引き締める

7

1目めの細編みの頭に針を入れ、引き抜き編みを編む

◯ 鎖編み

1
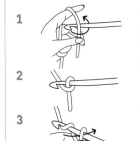

2

3

4
これは作り目の数に含まれない

5
鎖5目

✕ 細編み

1
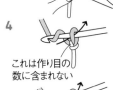
立ち上がり鎖1目

2

3
未完成の細編み

4

⋎ 細編み2目編み入れる

1

同じ目に編み入れる

2

＊目数がかわる場合も同じ要領で編む

⋀ 細編み2目一度

1

未完成の細編み

2
未完成の細編み2目

3

＊目数がかわる場合も同じ要領で編む

⋎ 細編み 裏引き上げ編み

1

2

3

● 引き抜き編み

1
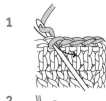

2

T 中長編み

1

立ち上がり鎖2目
土台の目

2

未完成の中長編み

3

4

⌐ 中長編み 表引き上げ編み

1

2

3

⌐ 中長編み 裏引き上げ編み

「長編み裏引き上げ編み」の要領で前段の目の足を向こう側からすくって、中長編みを編む

T 長編み

1
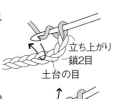
立ち上がり鎖3目
土台の目

2

3

4

未完成の長編み

5

⋎ 長編み 2目編み入れる

1

2

＊目数がかわる場合も同じ要領で編む

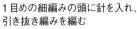
82

長編み 表引き上げ編み

1

2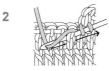

3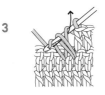

4 未完成の長編み
表引き上げ編み

5

長編み 表引き上げ編み 2目一度

未完成の長編み
表引き上げ編みを2目編み、
針に糸をかけてすべての
ループを一度に引き抜く。
片側の編み目記号が異なる
場合も同様に引き抜く

長編み 表引き上げ編み 2目編み入れる

「長編み2目編み入れる」の
要領で長編み表引き上げ
編みを2目編み入れる。
片側の編み目記号が
異なる場合も同様に引き抜く

長編み 裏引き上げ編み

1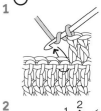

2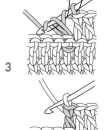

3

長編み3目の 玉編み

1

2 未完成の
長編み

3 未完成の
長編み3目

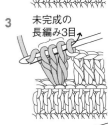

4

チェーンつなぎ

1 とじ針で
1目作る

2 表にひびかないようにして
編み地の裏側に通す

巻きかがりはぎ
（全目の場合）

1

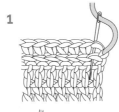

2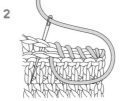

一般的な作り目

1

短い糸
編み幅
の約4倍 ——糸玉へ

2

3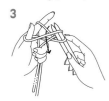

4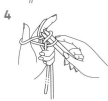

5

6

2〜6を
繰り返す

7 1段めになる

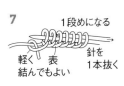

軽く 表 針を
結んでもよい 1本抜く

＊棒針1本で作り目する
場合も同じ要領

あとからほどける作り目

1

別糸で鎖編みを編む

2

鎖目の裏山をすくう

3

2を繰り返す

4

1段めになる

5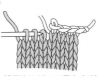

鎖目をほどいて目をすくう

｜ 表目

1

糸を向こう側におき、
手前から右針を入れる

2

右針に糸をかけて目から
糸を引き出す

3

左針から編んだ目を外す

83

裏目

1

糸を手前におき、向こう側から右針を入れる

2
右針に糸をかけて目から糸を引き出す

3

左針から編んだ目を外す

すべり目 V

1
目をそのまま右針に移す

2

＊裏側で編むときは、糸を針の手前において同じ要領で目をそのまま右針に1目移す

かけ目 ○

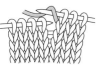
右針に糸を手前から向こう側にかける

巻き目 (O)

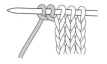

右上2目一度 入

1
編まずに移す
表目を編む
1目を右針に移し、次の目を表目で編む

2
かぶせる
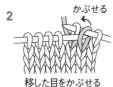
移した目をかぶせる

3

左上2目一度 人

1
2目一度

手前から右針を2目一度に入れ、表目を編む

2
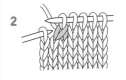

右上3目一度

1
左上2目一度　編まずに移す

2
かぶせる

3

裏目の右上2目一度

1
目の向きをかえて右針に2目移す

2
左針に2目移す

3
2目一度
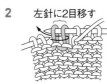

4
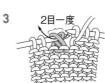

裏目の左上2目一度

右針を左針の2目に入れ、2目一緒に裏目を編む

中上3目一度

1
手前から右針を2目一度に入れ、右針に移す
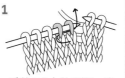

2
次の目を表目で編む

3
移した目をかぶせる
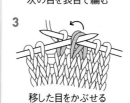

4

1目×1目の右上交差

1
矢印のように右針を入れる

2
表目を編む

3

手前の目に矢印のように右針を入れて表目を編む

4

1目×1目の左上交差

1
矢印のように右針を入れる
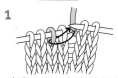

2
表目を編む

3

矢印のように右針を入れて表目を編む

4

2目×2目の右上交差

1

2

*目数がかわる場合、
裏目の場合も
同じ要領で編む

2目×2目の左上交差

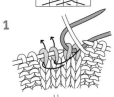

1

2

*目数がかわる場合、
裏目の場合も
同じ要領で編む

編み出し増し目（3目）

1 かけ目　表目

左針を入れて表目を編む

2 表目

3

𝐥 ねじり目

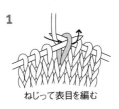

1

ねじって表目を編む

2

𝐥 裏目のねじり目

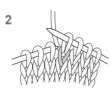

矢印のように針を入れ、
ねじって裏目を編む

𝐥 ねじり増し目

1

2

3

● 表目の伏せ目

1 表目　表目

表目を2目編む

2 かぶせる

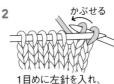

1目めに左針を入れ、
2目めにかぶせる

3

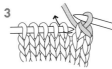

次の目を表目で編む

4

表目を編んではかぶせる
ことを繰り返す

● 裏目の伏せ目

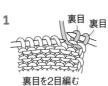

1 裏目　裏目

裏目を2目編む

2 かぶせる

1目めに左針を入れ、
2目めにかぶせる

3

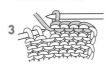

裏目を編んではかぶせる
ことを繰り返す

Ⱶ 右増し目

1

下の段の糸を右針ですくい、
表目を編む

2 1目増える

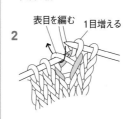

表目を編む

Ⱶ 左増し目

1 表目

表目を編み、下の段の糸を
左針ですくい、表目を編む

2 1目増える

Ⱶ 裏目の左増し目

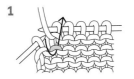

1

裏目を編み、2段下の糸を
左針ですくい、裏目を編む

2 1目増える

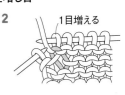

メリヤスはぎ

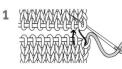

1

2

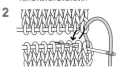

3

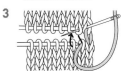

4

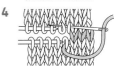

Ⱶ 裏目の右増し目

1

下の段の糸を右針ですくう

2

1の糸を左針に移し、
裏目を編む

3 1目増える

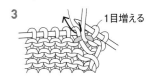

85

マジックループの編み方

80cm以上の長いコードの輪針で、細い筒状のものを編むテクニックです。わかりやすいように両端の針は一方を「aの針」、もう一方を「bの針」にして解説しています。

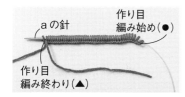

1 aの針(以下a)1本に、一般的な作り目で指定の目数を作り目する(a、bの2本で作り目をする場合もある)。作り目が1段めになる。

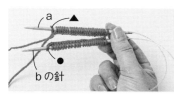

2 作り目を半分ずつに分け、編み始め(●)のほうをbの針(以下b)に移動する。作り目がねじれないようにして、2本の針を平行に持つ。

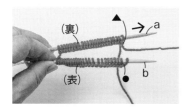

3 2を左手に持ちかえ、aを矢印の方向に引いてaの目をコードに移動する。このときコードは、編み地の両側で同じくらいの長さがある状態にする。

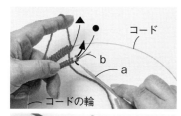

4 aを矢印のように入れて糸をかけて引き出し、表目を編む。段の最初の目は糸を引き気味にし、●と▲の間があかないようにする。続けてbにかかった目を編む。

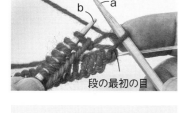

5 bにかかっていた目が編め、2段めの半分が編めた。コードを矢印の方向に引き、コードにある目をbの針に移動する。

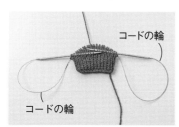

6 3と同様にaの目をコードに移動させ、2段めの残りの半分を編む。3段め以降も2段め(3〜5)と同様に編む。編んでいる途中は、写真のようにコードの輪が両側にある状態になる。

この本で使用している糸

本書で使用した糸は下記のとおりです。
メーカーまたはブランド、メーカーの糸名(重さ・糸長)、本書の色名(メーカーの色番号または色名)の順に掲載しています。作品01、02-A、04、05、10、19以外は、2018年、2021〜2022年度のNHKテキスト『すてきにハンドメイド』掲載時の情報です。廃番や色が変更になることもあります。また作品の写真と実際の糸の色みは異なる場合があります。ご了承ください。

p.4　p.50
01立体モチーフ飾りのミトン
横田(DARUMA)　空気をまぜて糸にしたウールアルパカ(30g玉巻　約100m)　ブルーグレー(5)

p.5　p.52
02立体モチーフ飾りの三角ショール
横田(DARUMA)　空気をまぜて糸にしたウールアルパカ(30g玉巻　約100m)　**A** ブルーグレー(5)、**B** ベージュ(2)

p.6　p.56
03ケーブル模様のベレー帽
ダイドーフォワード パピー　ブリティッシュエロイカ(50g玉巻　約83m)　**A** からし色(206)、**B** 茶色(192)

p.8　p.58
04ソフトハニカム模様の帽子
ダイドーフォワード パピー　ミニスポーツ(50g玉巻　約72m)
A 山吹茶色(725)、**B** グレー(660)

p.9　p.36
05つま先から編むソックス
オリムパス製絲　自然のつむぎ(50g玉巻　約134m)　**A** 淡ピンク(2)、**B** オリーブ色(6)

p.10　p.60
06ボタニカル模様のハンドウォーマー
元廣(スキー毛糸)　スキーUKブレンドメランジ(40g玉巻　約70m)
A ベージュピンク(8003)、**B** 薄青(8026)

p.12　p.54
07ヘリンボーン柄のストール
ダイドーフォワード パピー　ピマデニム(40g玉巻　約135m)　ネイビー(159)

p.13　p.64
08モヘアのふわふわスヌード
横田(DARUMA)　ウールモヘヤ(20g玉巻　約46m)　ペパーミントグリーン(14)

糸についての問い合わせ先

オリムパス製絲　TEL.052-931-6679
ダイドーフォワード パピー　TEL.03-3257-7135
ハマナカ　TEL.075-463-5151
メルヘンアート　TEL.03-3623-3760
元廣(スキー毛糸)TEL.03-3663-2151
横田(DARUMA)TEL.06-6251-2183

しずく堂（しずくどう）

ハンドニットデザイナー。
富山県在住。編み物を中心に、地元・富山をはじめ、
東京、大阪などで不定期にワークショップを開催し、
雑誌や書籍での作品発表を行う。
北欧テイストの編み物こものをおしゃれに編み上げる、デザインと配色が人気。
著書に『しずく堂の大人に似合う手編みこもの』（日本ヴォーグ社）など。
https://shizukudo.stores.jp/

ブックデザイン	竹盛若菜
撮影	ローラン麻奈(p.1、4〜6、8〜14、16〜22、24〜25、28〜30、32〜35、36、64人物)
	白井由香里(カバー、表紙、p.5、7、16、21、23人物)、中辻 渉(カバー、p.36〜79、86)、回里純子(p.26〜27)
写真提供	しずく堂(カバー、表紙、p.2、15、66プロセス1、ねこ)
スタイリング	池水陽子(p.1、4〜6、8〜14、16〜22、24〜25、28〜30、32〜35、36、64人物)
	荻津えみこ(カバー、表紙、p.5、7、16、21、23、26、27人物)
ヘア&メイク	AKI(カバー、表紙、p.5、7、16、21、23人物)
モデル	エモン久瑠美、プリシラ、ミナ(ねこ)、メル(ねこ)
撮影協力	オリムパス製絲、ダイドーフォワード パピー、ハマナカ、横田(DARUMA)、UTUWA
作り方トレース	day studio(ダイラクサトミ)
校正	廣瀬詠子
編集・作り方解説	野々瀬広美
編集	中野妙子(NHK出版)

●この本はNHKテキスト『すてきにハンドメイド』(2018年、2021〜2022年度)に掲載されたものから
　抜粋・加筆し、新しく作品を加えて再編集したものです。
●本書で紹介した作品は、読者が個人的に楽しむことを目的としています。これらについて商用目的での利用をお断りします。

しずく堂の まいにち編み物こもの

帽子・ソックス・マフラー・ミトン・バッグ…ときどきねこ

2023年9月15日　第1刷発行

著者　しずく堂
　　　©2023　Shizukudo
発行者　松本浩司
発行所　NHK出版
　　　　〒150-0042　東京都渋谷区宇田川町10-3
　　　　電話　0570-009-321(問い合わせ)
　　　　　　　0570-000-321(注文)
　　　　ホームページ　https://www.nhk-book.co.jp
印刷・製本　凸版印刷